취업/승진 성공비법, 일본어 말하기 시험

SJPT
한권으로
합격하기

머리말

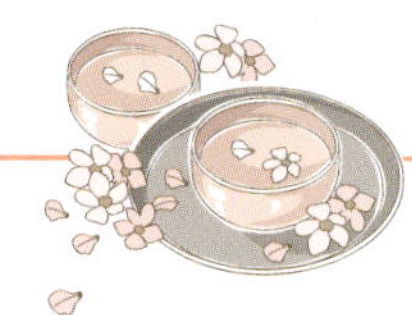

'SJPT는 어떤 시험인가요?'라고 묻는다면, 저는 두 가지 특징을 이야기하고 싶습니다.

우선 SJPT는 '말하는 시험이다'라는 것입니다. 당연하지만 매우 중요한 포인트라고 생각합니다. 일반적으로 시험 공부라고 하면 단어를 외우고, 문법을 확인하고, 연습문제를 풀고 해설을 읽고⋯라는 공부 방법이 떠오르지만, 보통 읽거나 쓰면서 공부하겠죠? 물론 SJPT의 준비를 함에 있어서도 어휘를 외우거나 문법을 정확하게 사용하도록 하는 것은 중요합니다. 하지만 그것과 마찬가지로 '발음'이나 '듣기'도 중요합니다. 이 책으로 공부할 때 한가지 유념해 주셨으면 하는 것은 읽는 것과 쓰는 것에 너무 의존하지 않았으면 하는 것입니다. 예를 들면 이 책에는 응답예가 스크립트로 제시 되어 있습니다. 스크립트를 체크하면서 음원을 함께 들으며 발음 연습에 활용했으면 합니다.

두 번째로 말하고 싶은 것은 '문제의 부(部)가 진행됨에 따라, 난이도가 올라간다'라는 것입니다. 물론 개인에 따라 잘하는 문제부는 다르겠지만, 전체적인 이야기를 하자면, 예를 들어 제2부보다 제5부가 어렵다는 것입니다. 그 때문에 잘하는 부를 선택해서 잘 이야기 할 수 있도록 연습하는 것보다 제1부부터 제2부, 제3부와 같이 낮은 순서부터 확실히 할 수 있도록 하는 것이 효율적인 공부 방법입니다. 그래서 이 책에서는 초급자, 중급자, 상급자에 맞춰서 부(部)를 3단계로 나눴습니다. 지금 자신의 레벨에서는 어느 부를 연습해야 하는지를 우선 파악하는 것이 중요합니다. 3단계 중에서 하나를 골라서 꼭 능동적으로 공부를 진행해 주세요.

SJPT를 응시하는 목적은 각각 다르겠지요. 하지만 시험이라는 것을 떠나서 일본인과 또 일본어를 공부하는 사람들과 일본어를 사용해서 능숙하게 커뮤니케이션을 하고 싶다는 마음은 모두 같지 않을까요? 이 책으로 공부가 단지 시험공부로만 끝나는 것이 아니라 자신이 말하고 싶은 이야기를 자유롭게 할 수 있게 되기 위한 도움이 된다면 필자로서는 더 없는 기쁨입니다.

마지막으로 이 책의 제작을 후원해 주신 시사일본어사의 엄호열 회장님을 비롯하여 편집부 여러분께 진심으로 감사드립니다.

저자 고마츠 나나

SJPT 소개

▶SJPT

  SJPT(Spoken Japanese Proficiency Test)는 직접적인 인터뷰 방식으로 수험자의 일본어 말하기 능력을 평가하는 시험입니다.

CBT(Computer Based Test)방식 일본어 말하기 시험으로, 컴퓨터에 설치된 헤드셋과 마이크를 통해 녹음된 질문 및 그림으로 주어진 상황에 답하는 형식이며 자기소개를 시작으로 일상회화와 비즈니스 상황 등을 소재로 하고 있습니다.

7가지 유형의 총 26문항의 문제에 수험자는 일본어로 응답하고, 녹음된 응답은 권위있는 일본인 채점자들에 의해 분석되어 수험자의 일본어에 대한 이해력 및 의사전달 능력 전반을 측정받게 됩니다.

▶시험의 구성 및 시간

구분	구성	내용	문항 수	준비시간	응답시간
第1部	自己紹介	자기소개	4	0초	10초
第2部	簡単な応答	그림보고 간단하게 답하기	4	3초	6초
第3部	敏速な応答	상황에 맞게 신속하게 답하기	5	2초	15초
第4部	短い応答	자신과 관련된 질문에 간단하게 의견 말하기	5	15초	25초
第5部	長い応答	생각, 의견 등을 묻는 질문에 논리적으로 답하기	4	30초	50초
第6部	場面設定	질문을 들으면서 그림을 보고 상황에 맞게 답하기	3	30초	40초
第7部	連続した絵	연속된 4개의 그림을 보고 줄거리 설명하기	1	30초	90초

＊준비시간이란 질문이 끝나고 난 뒤 발신음이 들릴 때까지의 시간입니다. 모든 질문에 대한 대답은 발신음이 울린 후에 하시면 됩니다.

＊모든 시험이 끝나면 마지막에 SJPT에 대해 자유롭게 이야기하는 시간이 30초 주어집니다. SJPT에 대한 의견이나 시험을 마친 소감등을 간단하게 말해 주세요.

▶ 평가레벨기준과 JPT와의 상관관계

시험결과는 Level 1부터 10까지 10단계로 구분하여 등급을 표시하며 문법, 어휘, 발음, 유창성, 총평 등으로 평가항목을 구분하여 분석표를 제공합니다.

Level		회화 능력 정도	JPT 점수
Level 10	상급	어떤 화제나 상황에서도 자신의 의견을 논리적이고 정확하게 전개 가능한 수준	900점 대 중반
Level 9	상급	대부분의 주제에 대해 일본인과 원활하게 의논 및 의사소통이 가능한 수준	900점 대 초반
Level 8		다양하고 폭넓은 주제에 대한 자신의 주장과 그 근거를 말할 수 있을 정도의 대화가 가능한 수준	800점 대
Level 7		일본인과 대화할 때 대부분의 경우 자신의 의견을 효과적으로 전달이 가능한 수준	700점대
Level 6		어떤 주제에 대해 유창하지는 않더라도, 바르게 이해하고 그에 대한 설명 등이 가능한 수준	600점 대
Level 5	중급	일본에서 혼자 여행을 할 수 있을 정도의 의사소통이 가능한 수준	500점대 후반
Level 4		안부나 약속 시간의 확인 등 간단한 회화에 대응이 가능한 수준	500점 대 초반
Level 3		유창하지는 않더라도, 일상적인 주제에 대해 간단한 대화가 가능한 수준	400점 대
Level 2	초급	날짜나 나이 등 자신과 관련된 질문에 대한 대답이 가능한 수준	300점 대 후반
Level 1		암기한 단어나 표현위추로 기본적인 인사와 자기소개가 가능한 수준	300점 대 초반

SJPT 레벨과 JPT 점수는 상관관계를 보이고 있지만 개인적 차이가 있을 수 있습니다.

▶ 채점 및 평가

OPI 자격증을 보유한 훈련된 원어민 전문 평가단에 의해 채점이 이루어 지며, 문법·어휘·발음·유창성 4가지 영역별로 평가 결과를 제공하여 각 영역별 성취도를 확인할 수 있습니다.

이 책의 구성

각 부를 확실하게 극복하기 위해서 4가지 스텝을 설정했습니다.

STEP1 ▶개요설명

각 부의 개요에 대해서 설명합니다. 특히 '무엇을 해야하는가' '어떻게 극복하는가'를 명확하게 하고, 문제를 시작하기 전에 마음의 준비를 합니다.

STEP2 ▶몸풀기 문제

SJPT에서는 문제가 음성으로만 제시되기 때문에 말하는 것과 마찬가지로 듣는 것도 중요합니다. 여기서는 우선 문제를 듣는 연습을 합니다. 각 부에서 잘 사용되는 어휘나 질문형식을 듣고, 잘 이해할 수 있도록 준비합니다.

STEP3 ▶실전문제 도전

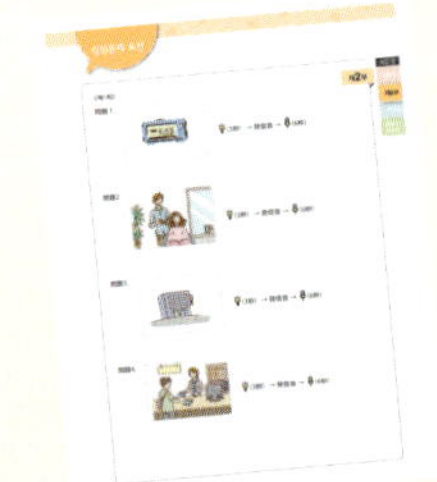

드디어 문제에 대답해 보는 단계입니다. 실제 시험과 같은 문제수를, 여러 회 준비했습니다. 1회분 문제에는 실제 시험과 같은 다양한 주제가 들어가도록 구성했습니다. 단, 각 회의 문제에는 경향이 비슷한 것들을 하나씩 넣었습니다. 잘 대답하지 못한 문제가 있다면 해설을 읽고, 다음 회에서 활용해 보도록 해 주세요.

STEP4 ▶고득점을 향한 전략

SJPT에서 측정되는 '발음・유창성' '어휘' '문법' 별로 각 부에서 주의해야할 포인트를 정리했습니다. 특히 말로 대답하는 시험이라는 성격을 생각해서 '발음・유창성'에 관한 주의점은 음원을 들으면서 연습해 주세요. 또, 〈원포인트 레슨〉에서는 실제 수험자의 답안을 가지고 어떻게 하면 더 잘할 수 있는지를 구체적으로 조언합니다.

음성 듣기

이 책의 사용법

1. 우선 SJPT 평가레벨기준(p.5)를 참고하며 자신의 목표레벨을 파악하고, 이 책의 어느 단계부터 시작할지를 정합시다.

> SJPT 평가레벨기준 〈레벨4〉가 목표 → 1단계부터
> SJPT 평가레벨기준 〈레벨6〉이 목표 → 2단계부터
> SJPT 평가레벨기준 〈레벨8 이상〉이 목표 → 3단계부터

2. 각 단계에서는 다음 문제부를 다루고 있습니다. 자신의 레벨에 맞는 단계부터 연습해 봅시다.

> 1단계 ⋯ 제1부~제4부(part1)
> 2단계 ⋯ 제4부(part2), 제5부(part1)
> 3단계 ⋯ 제5부(part2)~제7부

CASE1 초급자의 경우

1단계가 해당 레벨이기 때문에, 우선 제1부부터 제4부까지를 확실하게 할 수 있도록 연습합니다. 1단계를 완벽하게 할 수 있게 되면 2단계, 3단계로 넘어갑니다.

CASE2 상급자의 경우

3단계(제5부~제7부)부터 연습을 시작합니다. 1단계와 2단계는 확실하게 할 수 있는 것을 전제로 '실전문제'만을 시험 형식으로 진행합니다.

CASE3 자신의 레벨을 모르는 경우

우선 모의시험 1회분을 풀어 봅니다. 해답예를 비교해서 잘 되지 않았던 문제부를 특정합니다. 그 문제부가 들어 있는 단계부터 연습을 합니다.

차례

1단계 : 기초를 튼튼히!

제1부　自己紹介

Step 1 <개요 및 공략법> 12

Step 2 <몸풀기 문제> 13

Step 3 <실전문제 도전> 15

Step 4 <고득점을 향한 전략> 18

제2부　簡単な応答

Step 1 <개요 및 공략법> 20

Step 2 <몸풀기 문제> 21

Step 3 <실전문제 도전 1~4회> 23

Step 4 <고득점을 향한 전략> 38

제3부　敏速な応答

Step 1 <개요 및 공략법> 40

Step 2 <몸풀기 문제> 41

Step 3 <실전문제 도전 1~4회> 43

Step 4 <고득점을 향한 전략> 58

제4부　短い応答 （part1）

Step 1 <개요 및 공략법> 62

Step 2 <몸풀기 문제> 63

Step 3 <실전문제 도전 1~3회> 65

Step 4 <고득점을 향한 전략> 76

2단계 : 자기 주변에 관한 것은 무엇이든 말할 수 있다!

제4부　短い応答 （part2）

Step 1 <개요 및 공략법> 80

Step 2 <실전문제 도전 1~3회> 81

Step 3 <고득점을 향한 전략> 93

제5부　長い応答 （part1）

Step 1 <개요 및 공략법> 96

Step 2 <몸풀기 문제> 97

Step 3 <실전문제 도전 1~4회> 99

Step 4 <고득점을 향한 전략> 115

3단계 : 어떤 테마라도 자유롭게 말할 수 있다!

제5부　長い応答 （part2）

Step 1 <개요 및 공략법> 120

Step 2 <실전문제 도전 1~4회> 121

Step 3 <고득점을 향한 전략> 144

제6부　場面設定

Step 1 <개요 및 공략법> 148

Step 2 <몸풀기 문제> 149

Step 3 <실전문제 도전 1~3회> 151

Step 4 <고득점을 향한 전략> 163

제7부　連続した絵

Step 1 <개요 및 공략법> 168

Step 2 <몸풀기 문제> 169

Step 3 <실전문제 도전 1~5회> 171

Step 4 <고득점을 향한 전략> 181

〈별책〉 실전모의테스트 (1회 ~ 3회)

음성 듣기

제1부	自己紹介
제2부	簡単な応答
제3부	敏速な応答
제4부	短い応答（part1）

어떤 능력이 요구되는가?

- 자기 소개를 할 수 있다 (제1부)
- 기초문법을 이해하고 사용할 수 있다 (제2부)
- 기본적인 의사소통이 가능하다 (제3부)
- 일상적인 주제에 대해서 자기말로 할 수 있다 (제4부)

  다시 말하면…

  일상적인 주제를 바르게 이해하고, 주어술어가 있는 문장을 만들어, 문단위로 말하고

  자기의사를 전달할 수 있다

어떤 사람이 목표로 해야 하나?

- 초급 ~ 중급학습자
- 동사 활용 등 기초문법에 자신이 없는 사람
- 기초문법은 이해하고 있지만, 일본어로 이야기할 기회가 거의 없는 사람

개요 및 공략법

1 어떤 문제가 출제되는가?

시험문제 전체의 워밍업으로 생각하면 된다. 문제는 「名前(이름)」「住んでいるところ(살고 있는 곳)」「誕生日(생일)」「趣味(취미)」에 대해서이며 매회 같은 문제가 출제된다.

- 출제문항 수 : 4문항
- 응답준비시간 : 0초
- 응답시간 : 10초

2 평가기준 및 목적

'문법이 올바른지' '자연스러운 표현을 사용하고 있는지' 등을 세밀하게 평가하는 섹션이 아니라 일본어를 말하는 것에 익숙한지, 큰 소리로 대답할 수 있는지를 평가한다. 그러나 제1부도 시험 이므로 아무 말 없이 있는다든지 정확함이 떨어진다든지 해서 채점자에게 마이너스 인상을 주지 않도록 준비를 해야 한다.

3 공략법

4개 문제의 응답예를 준비해 두고 반복해서 소리 내어 연습해야 한다. 특히 발음에 유의하면서 자연스럽게 들리도록 연습하자.

1 다음 단어를 듣고 의미를 써 봅시다.

① ___________ ② ___________ ③ ___________ ④ ___________

2 다음 문장을 듣고 의미를 써 봅시다.

① ____

② ____

③ ____

④ ____

1단계
제1부
제2부
제3부
제4부 (part1)

1 ① 성함(이름)(お名前)　②살다(住む)　③생일(誕生日)　④취미(趣味)

2 ① 성함이 어떻게 되십니까?(お名前は何とおっしゃいますか。)
　② 어디에 삽니까?(どこに住んでいますか。)
　③ 생일은 언제입니까?(誕生日はいつですか。)
　④ 취미는 무엇입니까?(趣味は何ですか。)

제**1**부

다음 네 개의 질문에 답해 봅시다. 응답시간은 10초입니다.

問題 1 . （0秒）→ 発信音 → （10秒）　終わりです

問題 2 . （0秒）→ 発信音 → （10秒）　終わりです

問題 3 . （0秒）→ 発信音 → （10秒）　終わりです

問題 4 . （0秒）→ 発信音 → （10秒）　終わりです

問題1 お名前はなんとおっしゃいますか。 성함이 어떻게 되세요?

응답예 パク・ジュヨンと申します。 박주영이라고 합니다.

私の名前はキム・ヒョミです。 제 이름은 김효미입니다.

어휘 名前이름　おっしゃる「言う(말하다)」의 존경어　申す「言う(말하다)」의 겸양어

핵심포인트 잡기 「～といいます(~라고 합니다)」의 겸양어인 「～と申します(~라고 합니다)」로 대답하는 것이 자연스럽다. 「私の名前は～です(제 이름은 ~입니다)」라고 대답해도 되지만, 「私の名前は～と申します(제 이름은 ~라고 합니다)」라고는 하지 않으니 주의하자.

問題2 どこに住んでいますか。 어디에 삽니까?

응답예 ソウルのカンナム区に住んでいます。 서울 강남구에 삽니다.

어휘 ソウル서울　区구　住む살다

핵심포인트 잡기 「장소＋に住んでいる」로 대답한다. 조사는 「で」가 아니므로 주의하자.
그리고 「대도시명+の+동네이름」과 같이 중간에 「の」를 넣으면 자연스럽게 들린다.

問題3 誕生日はいつですか。 생일은 언제입니까?

응답예 私の誕生日は9月5日です。 제 생일은 9월 5일입니다.

1985年8月20日です。 1985년 8월 20일입니다.

어휘 誕生日생일

핵심포인트 잡기 날짜는 읽는 법이 특별한 것이 많아서 시간이 걸리기 때문에 「私の誕生日は(제 생일은)」이나 「○○年(○○년)」은 생략하는 것이 현명할 수도 있다. 먼저 자기의 생일 읽는 법을 확인해서 「○月○日」만이라도 확실하게 말할 수 있게 해 두자.

問題4　趣味は何ですか。 취미는 무엇입니까?

응답예　私の趣味は、本を読むことです。　제 취미는 책을 읽는 것입니다.
読書です。　독서입니다.

어휘　趣味취미　本책　読む읽다　読書독서

핵심포인트 잡기　기본적으로는 「私の趣味は(명사)です(제 취미는 (명사)입니다)」 형태로 답하기 때문에 취미를 명사로 답할 수 있도록 준비해 두자[예 : ピアノ(피아노), 水泳(수영), 読書(독서) 등].
명사로 표현할 수 없는 경우는 「(동사 사전형)＋こと」로 답한다[예 : ピアノをひくこと(피아노를 치는 것), 泳ぐこと(수영을 하는 것), 本を読むこと(책을 읽는 것)등].

1단계

제1부

제2부

제3부

제4부
(part1)

 **발음 · 유창성의 포인트**  07

- **「わたし」의 액센트**

일본어에는 '고', '저' 의 액센트가 있다. SJPT에서 가장 많이 사용된다고 할 수 있는 「わたし」의 액센트를 확인해 보자. 회색부분은 '고' 액센트로 말한다.

1. わたし ○　　2. わたし ×　　3. わたし ×

1이 올바른 액센트이다. 「わ」는 낮게, 「た」「し」는 높게 발음한다.

「わたしは」「わたしの」 등 조사가 붙는 경우에도 조사까지 높게 발음한다.

1. わたしは　わたしの ○　　2. わたしは　わたしの ×

 **어휘 포인트**

- **날짜**

[월]

1月(1월)	2月(2월)	3月(3월)	4月(4월)	5月(5월)	6月(6월)
いちがつ	にがつ	さんがつ	しがつ	ごがつ	ろくがつ
7月(7월)	8月(8월)	9月(9월)	10月(10월)	11月(11월)	12月(12월)
しちがつ	はちがつ	くがつ	じゅうがつ	じゅういちがつ	じゅうにがつ

[일]

1日(1일)	2日(2일)	3日(3일)	4日(4일)	5日(5일)	6日(6일)	7日(7일)
ついたち	ふつか	みっか	よっか	いつか	むいか	なのか
8日(8일)	9日(9일)	10日(10일)	11日(11일)	12日(12일)	13日(13일)	14日(14일)
ようか	ここのか	とおか	じゅういちにち	じゅうににち	じゅうさんにち	じゅうよっか
15日(15일)	16日(16일)	17日(17일)	18日(18일)	19日(19일)	20日(20일)	21日(21일)
じゅうごにち	じゅうろくにち	じゅうしちにち	じゅうはちにち	じゅうくにち	はつか	にじゅういちにち
22日(22일)	23日(23일)	24日(24일)	25日(25일)	26日(26일)	27日(27일)	28日(28일)
にじゅうににち	にじゅうさんにち	にじゅうよっか	にじゅうごにち	にじゅうろくにち	にじゅうしちにち	にじゅうはちにち
29日(29일)	30日(30일)	31日(31일)				
にじゅうくにち	さんじゅうにち	さんじゅういちにち				

■ 취미
[실내]

読書 독서	音楽鑑賞 음악감상	映画鑑賞 영화감상	インターネット 인터넷
将棋 장기	囲碁 바둑	ピアノ 피아노	〜の演奏 〜의 연주
料理 요리	陶芸 도예	生け花 꽃꽂이	

[야외]

旅行 여행	ドライブ 드라이브	買いもの 쇼핑	山登り 등산

[스포츠]

野球 야구	サッカー 축구	テニス 테니스	バスケットボール 농구
バレーボール 배구	卓球 탁구	バドミントン 베드민턴	スケート 스케이트
スキー 스키	スノーボード 스노보드	ボウリング 볼링	ゴルフ 골프
ボクシング 복싱	水泳 수영	ジョギング 조깅	マラソン 마라톤
ヨガ 요가			

제2부　簡単な応答

1 어떤 문제가 출제되는가?

제2부에서는 초급에서 배운 기본문법을 사용한 질문에 답하는 문제가 출제된다. 화면상에 그림이 나오고 그 그림 내용에 맞는 질문이 나오면 그림을 보면서 답한다. 기본적인 의문사(何(무엇), どこ(어디), 誰(누구) 등)와 형용사, 동사의 활용형을 묻는 문제가 대부분이다. 응답준비시간 3초, 응답시간 6초로 주어진 시간이 짧기 때문에 될 수 있으면 간결하게 답하도록 해야 한다.

- 출제문항 수 : 4문항
- 응답준비시간 : 3초
- 응답시간 : 6초

2 평가기준 및 목적

제1부의 자기소개를 워밍업이라고 생각했을 때, 제2부부터는 본격적인 측정이 시작된다고 생각하면 된다. 제2부의 측정목적은 '기본문법을 이해하고 있는가?' 그리고 '기본문법을 올바르게 사용할 수 있는가?'가 포인트이다. 그러므로 길게 답할 필요는 없고 질문에 맞는 답을 정확하게 답할 수 있다면 그것으로 충분하다.

3 공략법

초급에서 배운 기본문법을 다시 한 번 확인해 보자. 숫자를 묻는 문제는 자주 출제되므로 여러 가지 형태의 숫자 읽는 법(시간, 날짜, 가격, 전화번호, 조수사)를 체크해 두자. 또한 일상적으로 자주 사용되는 형용사와 동사의 현재형(ます형)과 연결형(て형)은 활용표를 확인해서 확실하게 사용할 수 있도록 해야 한다.

1 다음 질문을 번역해 봅시다.

① ________ ② ________ ③ ________ ④ ________

⑤ ________ ⑥ ________ ⑦ ________ ⑧ ________

2 어떤 의미입니까? 선택지에서 고르세요.

① **a.** 지금 몇 시입니까?
   b. 오늘은 몇 일입니까?
   c. 시계는 몇 개입니까?

② **a.** 남자는 무엇을 하고 있습니까?
   b. 남자의 직업은 무엇입니까?
   c. 남자의 일은 바쁩니까?

③ **a.** 이 건물은 높습니까?
   b. 이 학교는 오래 됐습니까?
   c. 이 건물에는 사람이 있습니까?

④ **a.** 여기서 무엇을 먹습니까?
   b. 여기로 무엇이 옵니까?
   c. 여기서 무엇을 할 수 있습니까?

1 ① 무엇입니까?(何_{なん}ですか。)   ② 어디입니까?(どこですか。)   ③ 어느 쪽입니까?(どちらですか。)

④ 왜 ~입니까?(どうしてですか。)   ⑤ 몇 명입니까?(何人_{なんにん}ですか。)

⑥ 어떤 사람입니까?(どんな人_{ひと}ですか。) ⑦ 몇 시입니까?(何時_{なんじ}ですか。)   ⑧ 몇 장입니까?(何枚_{なんまい}ですか。)

2 ① a (今_{いま}、何時_{なんじ}ですか。)
   ② b (男_{おとこ}の人_{ひと}の仕事_{しごと}は何_{なん}ですか。)
   ③ a (この建物_{たてもの}は高_{たか}いですか。)
   ④ c (ここで何_{なに}ができますか。)

어휘 今_{いま}지금   男_{おとこ}の人_{ひと}남자   仕事_{しごと}일, 업무, 직업   この이(지시대명사)   建物_{たてもの}건물   高_{たか}い높다

      ここ여기(지시대명사)   できる할 수 있다

해설

2 ①의 b는 「今日_{きょう}は何日_{なんにち}ですか」, c는 「時計_{とけい}はいくつですか」이다. 「今_{いま}(지금)」와 「何時_{なんじ}(몇 시)」는 항상 세트로 말하므로 「今_{いま}、何時_{なんじ}ですか(지금 몇 시입니까?)」식으로 통문장으로 외우는 것이 좋다.

②의 a는 「男_{おとこ}の人_{ひと}は何_{なに}をしていますか」, c는 「男_{おとこ}の人_{ひと}の仕事_{しごと}は忙_{いそが}しいですか」이다.
「仕事_{しごと}」는 일본어로 '지금 하고 있는 일'이라는 의미로도 '직업'이라는 의미로도 해석할 수 있으므로 주의하자. 여기서는 '직업은 무엇인가?'라는 의미로 쓰이고 있다.

③의 b는 「この学校_{がっこう}は古_{ふる}いですか」, c는 「この建物_{たてもの}には人_{ひと}がいますか」이다.
「高_{たか}い(높다)」 「古_{ふる}い(오래되다)」 등 기본적인 형용사는 자주 출제되므로 듣기만 해도 의미를 알 수 있도록 해 두자. 특히 「高_{たか}い」 「あつい」 등은 하나의 의미만 있는 것이 아니므로 주의하자.

④의 a는 「ここで何_{なに}を食_たべますか」, b는 「ここに何_{なに}が来_きますか」이다.
「できる(할 수 있다)」는 동사 「する(하다)」의 가능형이다. 「することができる」도 가능표현이지만, 일반적으로는 「○○が＋できる」와 같이 짧게 표현한다.

그림을 보면서 질문에 답해 봅시다. 응답시간은 6초입니다.

〈제1회〉

問題 1.

💡（3秒） → 発信音 → 🎤（6秒） 終わりです

問題 2.

💡（3秒） → 発信音 → 🎤（6秒） 終わりです

問題 3.

💡（3秒） → 発信音 → 🎤（6秒） 終わりです

問題 4.

💡（3秒） → 発信音 → 🎤（6秒） 終わりです

問題1 今、何時ですか。 지금 몇시입니까?

응답예 9時25分です。　9시 25분입니다.

어휘 何時몇시

핵심포인트 잡기 시간을 정확하게 읽어야 한다. 「4時(4시)」「9時(9시)」등 읽는 법이 특별한 것에 특히 주의해야 한다.

■ 시간표현

[時(시)]

1時(1시)	2時(2시)	3時(3시)	4時(4시)	5時(5시)	6時(6시)
いちじ	にじ	さんじ	よじ	ごじ	ろくじ
7時(7시)	8時(8시)	9時(9시)	10時(10시)	11時(11시)	12時(12시)
しちじ	はちじ	くじ	じゅうじ	じゅういちじ	じゅうにじ

[分(분)]

5分(5분)	10分(10분)	15分(15분)	20分(20분)	25分(25분)	30分(30분)
ごふん	じゅっぷん	じゅうごふん	にじゅっぷん	にじゅうごふん	さんじゅっぷん/はん
35分(35분)	40分(40분)	45分(45분)	50分(50분)	55分(55분)	60分(60분)
さんじゅうごふん	よんじゅっぷん	よんじゅうごふん	ごじゅっぷん	ごじゅうごふん	ろくじゅっぷん

問題2 男の人の仕事は何ですか。 남자의 직업은 무엇입니까?

응답예 男の人の仕事は美容師です。　남자의 직업은 미용사입니다.
髪を切ることです。　머리를 자르는 일입니다.

어휘 仕事일, 업무, 직업　　美容師미용사　　髪を切る머리를 자르다　　こと일, 것

핵심포인트 잡기 「美容師(미용사)」라는 단어를 모를 경우에는 「髪を切ること(머리를 자르는 일)」등과 같이 다른 말로 바꿔서 답할 수 있도록 하면 된다.

問題3　この建物は高いですか。 이 건물은 높습니까?

응답예
いいえ、低いです。　아니요, 낮습니다.

いいえ、高くありません。　아니요, 높지 않습니다.

어휘　建物 건물　高い 높다

핵심포인트 잡기　い형용사의 부정형을 묻는 문제이다. 부정형「～くありません」을 확인함과 동시에 반대어
도 기억해 두자.

■ い형용사

기본형	부정형
大きい 크다 ⇔ 小さい 작다	大きくありません 크지 않습니다
多い 많다 ⇔ 少ない 적다	多くありません 많지 않습니다
新しい 새롭다 ⇔ 古い 오래되다	新しくありません 새롭지 않습니다
いい 좋다 ⇔ 悪い 나쁘다	良くありません 좋지 않습니다
暑い 덥다 ⇔ 寒い 춥다	暑くありません 덥지 않습니다
おもしろい 재미있다 ⇔ つまらない 시시하다	おもしろくありません 재미있지 않습니다
おいしい 맛있다 ⇔ まずい 맛없다	おいしくありません 맛있지 않습니다
近い 가깝다 ⇔ 遠い 멀다	近くありません 가깝지 않습니다
厚い 두껍다 ⇔ 薄い 얇다	厚くありません 두껍지 않습니다
高い 비싸다 ⇔ 安い 싸다	高くありません 비싸지 않습니다
高い 높다 ⇔ 低い 낮다	高くありません 높지 않습니다
長い 길다 ⇔ 短い 짧다	長くありません 길지 않습니다
早い 이르다・速い 빠르다 ⇔ 遅い 느리다	早くありません 이르지 않습니다
暖かい 따뜻하다 ⇔ 涼しい 시원하다	暖かくありません 따뜻하지 않습니다
難しい 어렵다 ⇔ やさしい 쉽다	難しくありません 어렵지 않습니다
明るい 밝다 ⇔ 暗い 어둡다	明るくありません 밝지 않습니다
強い 강하다 ⇔ 弱い 약하다	強くありません 강하지 않습니다
重い 무겁다 ⇔ 軽い 가볍다	重くありません 무겁지 않습니다

な형용사의 부정형은 명사와 같이 「〜では(じゃ)ありません」이다.

■ な형용사

기본형	부정형
親切^{しんせつ}です 친절합니다	親切^{しんせつ}ではありません 친절하지 않습니다
静^{しず}かです 조용합니다	静^{しず}かではありません 조용하지 않습니다
元気^{げんき}です 건강합니다	元気^{げんき}ではありません 건강하지 않습니다
有名^{ゆうめい}です 유명합니다	有名^{ゆうめい}ではありません 유명하지 않습니다
きれいです 깨끗합니다/예쁩니다	きれいではありません 깨끗하지 않습니다/예쁘지 않습니다
簡単^{かんたん}です 간단합니다	簡単^{かんたん}ではありません 간단하지 않습니다
大変^{たいへん}です 힘듭니다	大変^{たいへん}ではありません 힘들지 않습니다
好^すきです 좋아합니다	好^すきではありません 좋아하지 않습니다
嫌^{きら}いです 싫어합니다	嫌^{きら}いではありません 싫어하지 않습니다
上手^{じょうず}です 능숙합니다	上手^{じょうず}ではありません 능숙하지 않습니다
下手^{へた}です 서툽니다	下手^{へた}ではありません 서툴지 않습니다

〈제2회〉 

問題1. 

問題2. 

(3秒) → 発信音 → (6秒)　終わりです

問題3. 

(3秒) → 発信音 → (6秒)　終わりです

問題4. 

問題1 いくらですか。 얼마입니까?

응답예 このかばんは3,600円です。　이 가방은 3,600 엔입니다.

어휘 かばん 가방　　円엔(일본화폐단위)

핵심포인트 잡기　금액을 나타내는「千(천)」「百(백)」는 앞에 들어가는 숫자에 따라 발음이 변한다. 다른 조수사와 함께 정리해 보자.

■ 조수사① : S로 시작되는 조수사

1, (3), 8, 10에서 발음이 바뀌므로 유의하도록 하자. 천은「いっせん」이 아니라「せん」이므로 주의하자.

	～千（せん・Sen）천	～冊（さつ・Satsu）권	～足（そく・Soku）켤레
1	せん	いっさつ	いっそく
2	にせん	にさつ	にそく
3	さんぜん	さんさつ	さんぞく
4	よんせん	よんさつ	よんそく
5	ごせん	ごさつ	ごそく
6	ろくせん	ろくさつ	ろくそく
7	ななせん	ななさつ	ななそく
8	はっせん	はっさつ	はっそく
9	きゅうせん	きゅうさつ	きゅうそく
10	―	じゅっさつ	じゅっそく

■ 조수사② : H로 시작되는 조수사

1, 3, 6, 8, 10에서 발음이 바뀌므로 유의하도록 하자. 백은「いっぴゃく」가 아니라「ひゃく」이므로 주의하자.

	～百（ひゃく・Hyaku）백	～本（ほん・Hon）자루,병	～匹（ひき・Hiki）마리
1	ひゃく	いっぽん	いっぴき
2	にひゃく	にほん	にひき
3	さんびゃく	さんぼん	さんびき
4	よんひゃく	よんほん	よんひき
5	ごひゃく	ごほん	ごひき
6	ろっぴゃく	ろっぽん	ろっぴき
7	ななひゃく	ななほん	ななひき
8	はっぴゃく	はっぽん	はっぴき
9	きゅうひゃく	きゅうほん	きゅうひき
10	―	じゅっぽん	じゅっぴき

問題2 **女の人は何をしていますか。** 여자는 무엇을 하고 있습니까?

응답예 女の人は公園を散歩しています。 여자는 공원을 산책하고 있습니다.

어휘 女の人 여자   公園 공원   散歩する 산책하다

핵심포인트 잡기 「何をしていますか(무엇을 하고 있습니까?)」와 같은 질문에는 항상「동사て형+います」
로 답해야 한다. て형을 확인해 보자.

■ 동사て형

그룹	사전형	て형
1그룹	書く 쓰다	書いて 쓰고, 써서, 써
	買う 사다	買って 사고, 사서, 사
	待つ 기다리다	待って 기다리고, 기다려서, 기다려
	作る 만들다	作って 만들고, 만들어서, 만들어
	死ぬ 죽다	死んで 죽고, 죽어서, 죽어
	読む 읽다	読んで 읽고, 읽어서, 읽어
	遊ぶ 놀다	遊んで 놀고, 놀아서 놀아
	話す 이야기하다	話して 이야기하고, 이야기해서, 이야기해
2그룹	見る 보다	見て 보고, 봐서, 봐
	食べる 먹다	食べて 먹고, 먹어서, 먹어
3그룹	くる 오다	きて 오고, 와서, 와
	する 하다	して 하고, 해서, 해

問題3 どちらが重いですか。 어느 쪽이 무겁습니까?

응답예 みかんよりりんごの方が重いです。　귤보다 사과가 무겁습니다.

어휘 どちら 어느 쪽　重い 무겁다　みかん 귤　より 보다　〜の方が ~쪽이

핵심포인트 잡기 비교표현 문제이다.「AよりBの方が〜(A보다 B쪽이~)」가 정해진 형태이지만,「Aより(A보다)」부분은 생략해도 된다. 한국어처럼「AよりBがもっと〜(A보다 B가 좀 더~)」라고 표현하면 부자연스러우므로 주의하자.

問題4 窓は開いていますか。 창문은 열려있습니까?

응답예 いいえ、開いていません。　아니요, 열려있지 않습니다.
　　　　いいえ、閉まっています。　아니요, 닫혀있습니다.

어휘 窓 창문　開く 열리다　閉まる 닫히다

핵심포인트 잡기 사물의 상태를 나타내는「〜ています」를 이용해서 답하면 된다.「開く(열리다)⇔閉まる(닫히다)」와 같이 반대어를 알고 있는 경우에는 반대어로 답하는 것이 자연스럽지만, 사전형이나 て형으로 변환할 자신이 없는 경우에는「〜ていません」과 같이 부정형으로 답해도 된다.

〈상황을「〜ています」로 나타내는 표현〉

(날씨)	
晴れています 맑습니다	くもっています 흐립니다
風が吹いています 바람이 불고 있습니다	雨/雪が降っています 비/눈이 오고 있습니다
(신체)	
疲れています 피곤합니다	のどがかわいています 목이 마릅니다
おなかがすいています 배가 고픕니다	
(그외)	
似ています 닮았습니다	住んでいます 살고 있습니다
持っています (소유) 가지고 있습니다	結婚しています 결혼했습니다

〈제3회〉

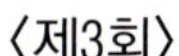

제**2**부

問題1.

💡（3秒） → 発信音 → 🎙（6秒）　　終わりです

問題2.

💡（3秒） → 発信音 → 🎙（6秒）　　終わりです

問題3.

💡（3秒） → 発信音 → 🎙（6秒）　　終わりです

問題4.

💡（3秒） → 発信音 → 🎙（6秒）　　終わりです

1단계
제1부
제2부
제3부
제4부
(part1)

 電話は何台ありますか。 전화는 몇 대 있습니까?

응답예　5台あります。　5대 있습니다.
電話は全部で5台あります。　전화는 모두 5대 있습니다.

어휘　台대(물건을 세는 단위)　ある(사물이)있다　電話전화　全部전부

핵심포인트 잡기　조수사「台」를 잘 알아 들어야 한다. 숫자에 따라서 발음이 변하지 않는 조수사도 있다.

■ 조수사③ : 숫자에 따라서 발음이 변하지 않는 조수사

	～台（だい）대	～枚（まい）장
1	いちだい	いちまい
2	にだい	にまい
3	さんだい	さんまい
4	よんだい	よんまい
5	ごだい	ごまい
6	ろくだい	ろくまい
7	ななだい	ななまい
8	はちだい	はちまい
9	きゅうだい	きゅうまい
10	じゅうだい	じゅうまい

 男の人は何をしていますか。 남자는 무엇을 하고 있습니까?

응답예　男の人は新聞を読んでいます。　남자는 신문을 읽고 있습니다.
コーヒーを飲みながら新聞を読んでいます。

커피를 마시면서 신문을 읽고 있습니다.

어휘　新聞신문　コーヒー커피　飲む마시다　～ながら~하면서

핵심포인트 잡기　동사를 답하는 문제이다.「読んでいます(읽고 있습니다)」라고 하면 정답이긴 하지만, 여유가 있다면「(동사ます형)＋ながら」를 이용해서 보다 정확하게 답하는 것이 좋다.

問題3 **机の上に何がありますか。** 책상 위에 무엇이 있습니까?

응답예　パソコンがあります。　컴퓨터가 있습니다.

어휘　机 책상　上 위　パソコン 컴퓨터

핵심포인트 잡기　위치를 알아 들을 수 있는가 하는 문제이다. 「あります(사물)」와 「います(사람, 동물)」를 구별하는 점이 한국어와 다르기 때문에 틀리지 않도록 하자.

問題4　ここでたばこを吸^すってもいいですか。 여기서 담배를 피워도 됩니까?

응답예　いいえ、吸^すってはいけません。　　아니오, 피워서는 안됩니다.

어휘 吸^すう(담배를)피다　～てはいけない~해서는 안된다

핵심포인트 잡기　허가표현, 금지표현을 사용할 수 있는지를 보는 문제이다. 「～てもいいですか(~해도 됩니까?)」의 질문에는 「いいえ、～ないでください(아니요, ~말아 주세요)」「いいえ、～てはいけません(아니요, ~해서는 안됩니다)」와 같이 두 가지로 답할 수 있는 방법이 있지만, '규칙'이라는 의미가 강한 것은 「～てはいけません」이다.

〈제4회〉

 (24) 제**2**부

1단계
제1부
제2부
제3부
제4부
(part1)

問題 1.

 (3秒) → 発信音 → (6秒)　終わりです

問題 2.

(3秒) → 発信音 → (6秒)　終わりです

問題 3.

(3秒) → 発信音 → (6秒)　終わりです

問題 4.

(3秒) → 発信音 → (6秒)　終わりです

問題1 何月何日ですか。 몇월 몇일입니까?

응답예 4月 24日です。 4월 24일입니다.

어휘 何月몇월 何日몇일

핵심포인트 잡기 날짜를 읽는 법은 「月」는「げつ」가 아니라 「がつ」로 읽어야 한다. 읽는 법이 특별한 「月」, 「日」에도 주의하자. (p.18 참조)

問題2 男の人は何をしていますか。 남자는 무엇을 하고 있습니까?

응답예 男の人は電車から降りています。 남자는 전철에서 내리고 있습니다.
電車が到着したので降りようとしています。

전철이 도착했기 때문에 내리려고 하고 있습니다.

어휘 電車전철 降りる내리다 到着する도착하다

핵심포인트 잡기 동사て형 문제이다.「～ています(~고 있습니다)」로 간결하게 답해도 되지만, 「(동사의지형)＋としている」라고 하는 것이 보다 더 정확한 표현이다.

問題3 郵便局はどこにありますか。 우체국은 어디에 있습니까?

응답예 学校と銀行の間にあります。 학교와 은행 사이에 있습니다.
公園の向かいにあります。 공원 맞은 편에 있습니다.

어휘 郵便局우체국 どこ어디 学校학교 銀行은행 間사이 公園공원
向かい맞은 편

핵심포인트 잡기 위치를 설명하는 문제이다. 위치를 설명하는 문제는 그림 속에 있는 정보를 모두 이용해서 설명하지 않아도 된다. 이 외에도, 「～の右(~의 오른쪽)／左(왼쪽)」등으로 설명해도 된다.
(p.33 참조)

問題4 女の人はなぜ怒っていますか。 여자는 왜 화를 내고 있습니까?

응답예
妹にケーキを食べられて怒っています。
여동생이 케이크를 먹어버려서 화를 내고 있습니다.
妹が女の人のケーキを食べてしまったからです。
여동생이 여자의 케이크를 먹어 버렸기 때문입니다.

어휘　怒る 화내다　妹 여동생　ケーキ 케이크　食べる 먹다　～てしまう ~해 버리다

핵심포인트 잡기　이유를 설명하는 문제이다. 질문에서는 「なぜ(왜)」 또는「どうして(어째서)」가 자주 사용된다. 이유이므로 「～から(~때문에)」 「～て(~(해)서)」를 반드시 사용해야 한다. 「妹がケーキを食べたから(여동생이 케이크를 먹었기 때문에)」라고 해도 틀리지는 않지만, 수동형「食べられた」나 희망했던 것과는 다른 결과가 되었다는 것을 나타내는「食べてしまった」라고 하는 것이 보다 더 자연스러운 표현이다.

 발음 · 유창성의 포인트

■ 「동사て형」의 액센트 

동사て형의 액센트는 두 개의 패턴이 있다(회색 부분은 음이 높음). 일본어에는 '고', '저' 의 액센트가 있다.

① 〜〜ています　　　예) おきています　　　しめています　　　読んでいます
② 〜〜ています　　　예) ねています　　　あけています　　　呼んでいます

모든 액센트가 「〜て」 직전의 음만 높은 액센트가 아니므로 주의해야 한다. 다음 예는 「〜て」 앞의 음만 높은 액센트이고, 틀린 액센트이다.

× 　おきています　　　しめています　　　読んでいます
× 　ねています　　　あけています　　　呼んでいます

 어휘 포인트

■ 명사로만 답하는 문제는 거의 없지만, 직업이나 일상생활과 관련된 아주 기본적인 명사는 정리해 두자.
[직업]

学生 학생	大学生 대학생	大学院生 대학원생	教師 교사
医者 의사	歌手 가수	看護師 간호사	弁護士 변호사
公務員 공무원	美容師 미용사	警察官 경찰관	芸能人 연예인
政治家 정치가	作家 작가	デザイナー 디자이너	通訳 통역
記者 기자			

■ 동사て형을 묻는 문제 「何をしていますか(무엇을 하고 있습니까?)」 는 빈번하게 출제되므로, 동사를 그룹별로 정리하면 좋다.

[1그룹]

書く 쓰다	聞く 듣다	泣く 울다	泳ぐ 헤엄치다
会う 만나다	買う 사다	洗う 씻다	待つ 기다리다
持つ 들다, 지니다	乗る 타다	作る 만들다	読む 읽다
飲む 마시다	遊ぶ 놀다	話す 이야기 하다	

[2그룹]

見る 보다	着る 입다	起きる 일어나다	食べる 먹다
考える 생각하다	調べる 조사하다	寝る 자다	

[3그룹]

来る 오다	する 하다 [명사＋する 명사＋하다 (예: 勉強～、仕事～、スポーツ～)]

 **문법 포인트**

■ 기본 동사 활용표를 체크해 두자.

그룹	사전형	ます형	ない형	가능형	의지형	수동형
1그룹	書く 쓰다	書きます 씁니다	書かない 쓰지 않는다	書ける 쓸 수 있다	書こう 써야지/쓰자	書かれる 쓰여지다
	買う 사다	買います 삽니다	買わない 사지 않는다	買える 살 수 있다	買おう 사야지/사자	買われる (내가 사려던 것을 다른 사람이)사다
	飲む 마시다	飲みます 마십니다	飲まない 마시지 않는다	飲める 마실 수 있다	飲もう 마셔야지/마시자	飲まれる (내가 마시려고 했던 것을 다른 사람이)마시다
	話す 이야기하다	話します 이야기 합니다	話さない 이야기하지 않는다	話せる 이야기할 수 있다	話そう 이야기해야지/이야기하자	話される (내가 이야기 하려던 것을 다른 사람이)이야기 하다
2그룹	見る 보다	見ます 봅니다	見ない 보지 않는다	見られる 볼 수 있다	見よう 봐야지/보자	見られる 보여지다
	食べる 먹다	食べます 먹습니다	食べない 먹지 않는다	食べられる 먹을 수 있다	食べよう 먹어야지/먹자	食べられる (내가 먹으려고 했던 것을 다른 사람이)먹다
3그룹	くる 오다	きます 옵니다	こない 오지 않는다	こられる 올 수 있다	こよう 와야지/오자	こられる (오지 않기를 바랐는데)오다
	する 하다	します 합니다	しない 하지 않는다	できる 할 수 있다	しよう 해야지/하자	される 당하다

개요 및 공략법

1　어떤 문제가 출제되는가?

제3부에서는 그림에 있는 상황에 맞는 말을 듣고 그 말에 맞는 응답을 하는 문제가 출제된다. 그림에는 대부분 두 사람이 등장하여 한 사람을 대화 상대, 또 한 사람을 자신으로 가정해서 실제로 대화를 하는 것처럼 답변한다. '상대방이 나한테 건 말에 한마디로 대답한다'라고 생각하면 이해하기 쉬울 것이다. 응답준비시간이 2초라는 것에서 알 수 있듯이 상대방의 말에 대한 신속한 반응이 요구된다. 문제가 되는 장면은 일상 생활과 관련된 모든 장소(학교, 직장, 병원, 가게, 은행, 미용실 등)이다.　대화하는 상황도 일상 생활과 깊게 관련된 것(의뢰를 받아들이는 것, 권유에 답하는 것, 길 안내를 하는 것, 몸상태를 말하는 것, 인사에 답하는 것, 약속하는 것, 상대방에게 사과하는 것, 상대방을 칭찬하는 것 등)으로 정해져 있다.

- 출제문항 수 : 5문항
- 응답준비시간 : 2초
- 응답시간 : 15초

2　평가기준 및 목적

제2부는 기본적인 문법을 이해할 수 있는가를 확인하는 섹션이었다. 제2부와 비교하면 제3부에서는 '문법적인 정확도' 보다 '자연스럽게 말하는 것'에 중점을 둔다. 물론 동사활용이나 조사의 사용법 등 기본문법에서 너무 벗어난 오류나 초보적인 실수는 감점 대상이 되지만, 문법을 너무 신경 쓴 나머지 대화상대(질문)의 의도와 다른 답을 해 버리는 것이 보다 치명적 실수라고 말할 수 있다. 또 제3부에서는 '대화상대가 누구인지(자기 보다 나이가 많은지, 자기와 친한지 등)'는 그다지 신경 쓰지 않아도 된다. 즉 경어와 친구사이의 반말을 정확하게 사용하는지 그렇지 않은지는 여기서는 문제가 되지 않는다.

3　공략법

제2부와 마찬가지로 제3부도 질문과 함께 그림이 나오므로 등장인물 중에 누가 질문자이고 누가 자기역할인가를 우선 확인하고 그림에서 힌트를 얻으면서 어떤 상황인지 파악하도록 하자. 응답은 간단하고 알기 쉽게 해야 한다. 제3부에서는 갈등을 해결한다든지, 교섭을 하는 등 복잡한 설명과정을 묻는 문제는 없으므로 너무 길게 말할 필요는 없다. 많은 이야기를 하는 것에 신경 쓰기 보다는 가능한 한 자연스럽게 말하는 것을 염두하고 연습하자.

1단계
제1부
제2부
제3부
제4부 (part1)

1 다음 단어의 의미는 무엇입니까? 써 보세요. 🎧31

①__________ ②__________ ③__________ ④__________ ⑤__________

2 어떤 의미입니까? 선택지에서 고르세요.

① a. 오늘은 좋은 일이 있어요.
   b. 오늘은 날씨가 좋네요.
   c. 오늘은 뭐하고 지내요?

② a. 저기요, 지갑이 떨어졌어요.
   b. 저기요, 이 지갑 누구건지 아세요?
   c. 저기요, 이 지갑 전달해 주세요.

③ a. 저기, 병원까지 같이 가 주실래요?
   b. 저기, 병원까지 어떻게 가면 될까요?
   c. 저기, 근처에 병원은 없습니까?

3 어떻게 대답하면 좋을까요? 선택지에서 고르세요.

① a. いいですよ、どうぞ。
   b. はい、ありがとうございます。
   c. じゃあ、今電話します。

② a. 学校の前で会いましょう。
   b. 2時ごろなら大丈夫です。
   c. はい、わかりました。

③ a. いいえ、シャツじゃありません。
   b. どうもありがとうございます。
   c. そうですね、すてきですね。

1 ① 날씨(天気)   ② 지갑(財布)   ③ 근처(近く)   ④ 병원(病院)   ⑤ 전화(電話)

2 ① b (今日はいい天気ですね。)
   ② a (あの、財布を落としましたよ。)
   ③ c (すみません、近くに病院はありませんか。)

3 ① a (ちょっと電話を貸してくれませんか。)
   ② a (じゃあ、明日どこで会いましょうか。)
   ③ b (そのシャツ、とてもすてきですね。)

어휘 今日오늘 いい좋다 落とす떨어뜨리다 ちょっと좀 貸す빌리다 明日내일 会う만나다 シャツ셔츠

とても아주 すてきだ멋지다

2 ①의「〜ね」(↓)는 상대방과 뭔가를 공감하고 싶을 때 사용한다.
   예) A : この映画、おもしろかったですね。이 영화 재미있었죠.
        B : そうですね。また行きましょう。그러게요. 또 갑시다.

   ②의「〜よ」는 상대에게 뭔가 새로운 정보를 전달할 때 사용한다.
   예) A :(日本から電話で) ソウルは今日、寒いですか。(일본에서 온 전화에서)서울은 오늘 추워요?
        B : とても寒いですよ。엄청 추워요.

   ③「近所」보다「近く」「この辺」을 자주 사용한다.
   「ありますか」보다「ありませんか」라고 묻는 것이 자연스럽다.

3 ①상대방에게 의뢰할 때는「〜てくれませんか(동사 : くれる)」라고 하는 것이 가장 일반적이다.
   「〜てもらえませんか(동사 : もらう＋가능형)」도 같은 레벨의 의뢰표현이다.
   의뢰에 대한 질문에는「OK인가／거절인가」로 답하자.

   ②「〜ましょうか」는 약속을 정할 때 사용하는 표현이다. 상대방에게 제안하는 표현「〜ませんか」와는 사용법
   이 다르므로 주의가 필요하다.
   (둘이서 약속을 정함)
   예) A : 何時に会いましょうか。몇 시에 만날까요?
        B : 3時はどうですか。3시는 어때요?
   (A의 제안을 B가 받아들임)
   예) A : 3時に会いませんか。3시에 만나지 않을래요?
        B : はい、わかりました。네, 알겠습니다.

   ③「すてきですね」는 칭찬하는 말이다.「ありがとう」라는 인사로 답하는 것이 자연스럽다.
   c는 문법적으로는 맞지만, 상대방의 말하는 의도(칭찬하고 있는 것)와는 맞지 않는다.

제**3**부

1단계
제1부
제2부
제3부
제4부
(part1)

그림을 보면서 대화상대의 말을 듣고 그 말에 대답을 합시다.

그림 속의 등장인물이 되었다고 생각하고 이야기 해 보세요. 응답시간은 15초입니다.

〈제1회〉

問題 1.

💡（2秒）→ 発信音 → 🎤（15秒）　終わりです

問題 2.

💡（2秒）→ 発信音 → 🎤（15秒）　終わりです

問題 3.

💡（2秒）→ 発信音 → 🎤（15秒）　終わりです

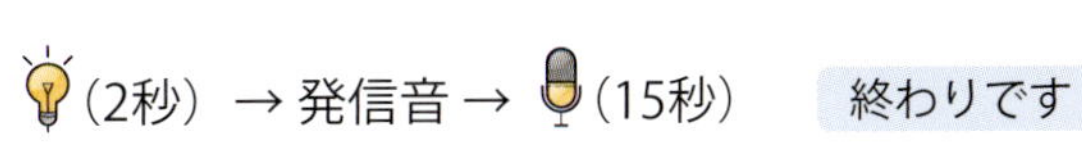

問題４．

💡（2秒）→ 発信音 → 🎤（15秒）　　終わりです

問題５．

💡（2秒）→ 発信音 → 🎤（15秒）　　終わりです

問題1 今日はいい天気ですね。 오늘은 날씨가 좋네요.

응답예
そうですね、いい天気ですね。　그러게요, 좋은 날씨네요.

久しぶりに晴れましたね。　오랜만에 날씨가 좋네요.

어휘　天気날씨　久しぶりに오랜만에　晴れる맑다

핵심포인트 잡기
- 「ね」는 공감을 나타내는 종조사이다.
- 「そうですか」「そうですよ」등 다른 종조사를 붙이면 부자연스러워진다.

問題2 あの、財布を落としましたよ。 저기요~지갑 떨어졌어요.

응답예
あ、ありがとうございます。　아, 감사합니다.

本当だ、どうもすみません。　정말이네, 대단히 고맙습니다.

어휘　財布지갑　落とす떨어뜨리다　本当정말

핵심포인트 잡기
- 다른 사람이 분실물을 주워주는 장면이다. 감사의 말을 넣는 것이 정답이다.
- 「あ」나「本当だ」는 뭔가를 알아차렸을 때 하는 감탄사이다. 이 외에도「あれ」「あら」등 이 있다.
- 「すみません」도 감사의 의미가 있다.

問題3 すみません、近くに病院はありませんか。 저기요, 근처에 병원은 없습니까?

응답예
この道をまっすぐ行くと、ありますよ。　이 길을 쭉 가면 있어요.

ちょっとこの辺はよくわからないんですが……。　이 주변은 잘 몰라서…

어휘　道길　まっすぐ쭉, 곧 바로　この辺이 주변

핵심포인트 잡기
- 길안내라는 의도가 있다는 것을 알고 들어야 한다. 「はい、あります／いいえ、ありません」과 같은 답은 문법적으로는 맞지만, 말하는 의도에는 맞지 않는다.
- 길안내 표현「～と、～があります」의「と」대신에「ば」「たら」를 사용하면 조금 부자연스럽다.
- 어디에 있는지 모를 경우에도「わかりません」보다「わからないんですが」라고 하는 것 이 부드러운 말투가 된다.

問題4 ちょっと電話を貸してくれませんか。 전화 좀 빌려주시지 않겠습니까?

응답예
いいですよ、どうぞ。　그래요, 자 여기요.
いいですよ。ここを押すと通話できます。

그래요. 여기를 누르면 전화를 할 수 있어요.

어휘 ちょっと잠깐, 좀　電話전화　貸す빌려주다　押す누르다　通話통화

핵심포인트 잡기
- 휴대전화를 「나→이야기 상대」에게 빌려준다는 상황을 상상하면서 이야기하면 된다. 단,「貸してあげます」는 문법적으로는 맞는 표현이지만 건방지게 들리므로 주의해야 한다.
- 상대방이 전화를 하고 싶다는 상황을 간파해서 사용법을 가르쳐 주는 것도 효과적이다. 사용법을 가르쳐 줄 때는 「〜と、〜〜なる」「〜てください」와 같은 표현을 쓰면 된다.

問題5 じゃあ、明日どこで会いましょうか。 그럼 내일 어디서 만날까요?

응답예
学校の前で会いましょう。　학교 앞에서 만납시다.
駅の2番出口はどうですか。　역 2번 출구는 어때요?

어휘 明日내일　学校학교　前앞　会う만나다　駅역　出口출구

핵심포인트 잡기 의논하고 있는 장면이므로「〜にします」「〜で会います」등 단정적인 말투는 쓰지 않도록 해야 한다. 「〜〜で会いましょう」도 틀린 답은 아니지만 의논하고 있는 장면이기 때문에 「〜はどうですか」라고 상대방에게 한 번 더 물어보는 것이 일반적이다.

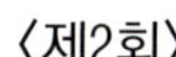

〈제2회〉

問題 1.

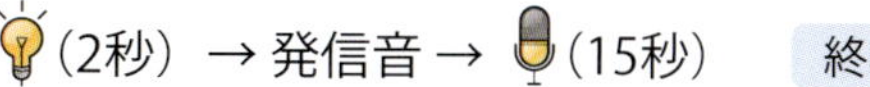

💡（2秒）→ 発信音 → 🎤（15秒）　終わりです

問題 2.

💡（2秒）→ 発信音 → 🎤（15秒）　終わりです

問題 3.

💡（2秒）→ 発信音 → 🎤（15秒）　終わりです

問題 4.

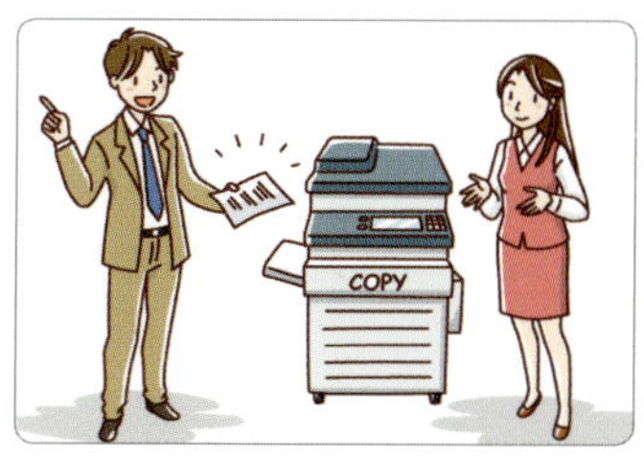

💡（2秒）→ 発信音 → 🎤（15秒）　終わりです

問題 5.

💡（2秒）→ 発信音 → 🎤（15秒）　終わりです

 映画、おもしろかったですね。 영화 재미있었지요.

응답예　本当におもしろかったですね。　정말 재미있었어요.
ラストシーンが特によかったですね。　마지막 장면이 특히 좋았어요.
そうですか。私はあんまり……。　그래요? 전 그다지…

어휘　映画 영화　おもしろい 재미있다　ラストシーン 마지막 장면　特に 특히　あんまり 그다지

핵심포인트 잡기

• 제1회 문제 ①「天気がいいですね」와 마찬가지이다. 「〜ね」로 상대방의 공감을 요구하고 있다. 「おもしろいですよ」「おもしろいです」 등의 종조사를 잘못 붙이는 실수를 하지 않도록 주의하자.
「おもしろかった」「よかった」 등 형용사의 과거형을 한 번 더 확인해 두자.

■ い형용사

기본형	과거형
大きいです 큽니다	大きかったです 컸습니다
多いです 많습니다	多かったです 많았습니다
新しいです 새롭습니다	新しかったです 새로웠습니다
いいです 좋습니다	よかったです 좋았습니다
暑いです 덥습니다	暑かったです 더웠습니다
おもしろいです 재미있습니다	おもしろかったです 재미있었습니다
おいしいです 맛있습니다	おいしかったです 맛있었습니다
近いです 가깝습니다	近かったです 가까웠습니다
高いです 높습니다/비쌉니다	高かったです 높았습니다/비쌌습니다

■ な형용사

기본형	과거형
親切です 친절합니다	親切でした 친절했습니다
静かです 조용합니다	静かでした 조용했습니다
元気です 건강합니다	元気でした 건강했습니다
有名です 유명합니다	有名でした 유명했습니다
きれいです 예쁩니다/깨끗합니다	きれいでした 예뻤습니다/깨끗했습니다
簡単です 간단합니다	簡単でした 간단했습니다

問題2　ここのレストラン、すごくおいしいんですよ。 이 레스토랑 정말 맛있어요.

응답예　へえ、そうなんですか。　아, 그래요?

そうなんですか、私も一度食べてみたいです。

그래요, 저도 한 번 먹어보고 싶군요.

어휘　レストラン레스토랑　すごく아주, 상당히　一度한 번　食べる먹다　〜てみる~해 보다

핵심포인트 잡기
- 「〜ね」와 달리「〜よ」는 상대방만이 알고 있는 사실을 말하는 장면에서 사용한다. 「〜ね」「〜よ」로 응답하지 않도록 한다.
- 「そうですか」의 액센트에 주의하자. 「〜か↑」는 상대방이 말하는 내용이 사실인지 확인 하는 뉘앙스이므로 상대방이 실례라고 생각하는 경우가 있다. 「〜か↓」와 같이 문말을 내 려야 한다. 또한「そうなんですか」는 「そうですか」보다 상대방이 하는 말에 관심을 가 지고 듣고 있다는 것을 표현할 수 있다.

問題3　いらっしゃいませ。何かお探しですか。 어서 오세요. 뭔가 찾으시는 것이 있으신지요?

응답예　ジャケットが欲しいんですが、黒いのありますか。

자켓을 사고 싶은데요, 검은 것 있습니까?

いいえ、ちょっと見ているだけです。　아니에요, 좀 보기만 하려구요.

어휘　探す찾다　ジャケット자켓　欲しい원하다　黒い검다　見る보다　だけ~만

핵심포인트 잡기
- 가게에서 점원과의 대화이다. 희망표현「명사＋ほしい」「동사＋たい」는 바로 앞의 조사 가「を」가 아니라「が」이므로 주의하자.
- 사정을 설명할 때에는「〜んですが」로 이어주는 것이 자연스럽다.
  예) 駅に行きたいんですが、どう行けばいいですか。

  역으로 가려고 하는데요, 어떻게 가면 됩니까?

  時間はないんですが、やってみます。 시간은 없습니다만, 해 보겠습니다.

問題4 これ、10部コピーしてもらえませんか。 이것 10부 복사해 주시겠어요?

응답예
10部ですね、わかりました。　10부 하면 되는거죠? 알겠습니다.
すみません、今他の仕事をしているのでちょっと……。
죄송합니다, 지금 다른 일을 하고 있어서 좀…

어휘 コピーする복사하다　仕事일, 업무

핵심포인트 잡기
- 조수사「〜部」(「〜枚」보다 자연스러운 표현), 동사「コピーする」를 잘 알아듣도록 해야 한다.
- 여기서「〜ですね」는 상대방이 말한 내용을 확인하는 역할을 한다.
- 의뢰를 거절할 때는 확실하게 거절하지 말고「すみません」「ちょっと」등을 사용하면 자연스럽다. 사정을 설명할 때는「〜から」가 아니고「〜ので」를 사용한다.

問題5 今度の冬休み、スキーに行きませんか。 이번 겨울방학 때 스키 타러 가지 않을래요?

응답예
いいですね、行きましょう。　좋아요, 갑시다.
私、スキーはやったことがないんですが、大丈夫でしょうか。
저, 스키는 탄 적은 없는데요, 괜찮을까요?

어휘 今度이번, 다음에　冬休み겨울방학　スキーに行く스키타러 가다　大丈夫だ괜찮다

핵심포인트 잡기
- 「〜ませんか」는 상대방에게 권하는 표현이므로「(一緒に)〜ましょう」로 답하는 것이 일반적이다.
- 스포츠의 경우「する」대신에「やる」라고 표현할 수도 있다(テニスをやる 테니스를 치다, サッカーをやる 축구를 하다, スケートをやる 스케이트를 타다 등). 원래는「スキーをする」이므로「スキーをしたことがない (스키를 탄 적이 없다)」라고 표현해도 된다.

〈제3회〉　　　　　 

問題 1．　　💡（2秒）→ 発信音 → 🎤（15秒）　終わりです

問題 2．　　💡（2秒）→ 発信音 → 🎤（15秒）　終わりです

問題 3．　　💡（2秒）→ 発信音 → 🎤（15秒）　終わりです

問題 4．　　💡（2秒）→ 発信音 → 🎤（15秒）　終わりです

問題 5．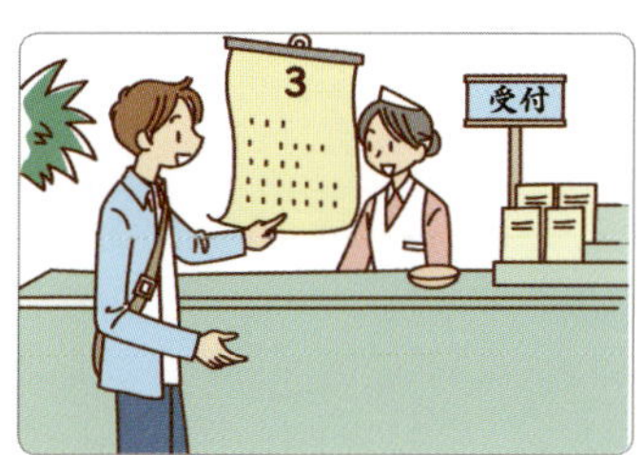

　　💡（2秒）→ 発信音 → 🎤（15秒）　終わりです

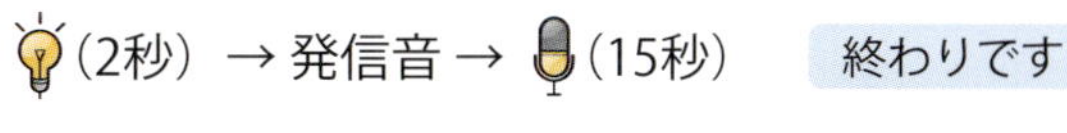

問題1　お先（さき）に失礼（しつれい）します。 먼저 가겠습니다.

응답예　お疲（つか）れ様（さま）でした。 수고했어요.
お疲（つか）れ様（さま）、また明日（あした）。 수고했어, 내일 봐.

어휘　お先（さき）に먼저　失礼（しつれい）する실례하다　また또　明日（あした）내일

핵심포인트 잡기　직장에서의 인사말이다. 동료 사이의 인사로서 사용한다. 동료에게는 「お疲れ様（つか）（さま）でした」 또는 「お疲れ様（つか）（さま）」, 부하나 후배에게는 「お疲れ様（つか）（さま）」 로 인사하면 된다. 상사에게는 「お疲れ様（つか）（さま）でした」 라고 하는 것이 일반화되어 있기 때문에 틀렸다고는 할 수 없지만, 정식으로는 윗사람한테는 쓰지 않는 표현이다.

問題2　辞書（じしょ）をちょっと貸（か）してもらえますか。 사전 좀 빌려주시겠습니까?

응답예　いいですよ、どうぞ。 좋아요, 자 여기 있어요.
あ、今（いま）使（つか）っているので、少（すこ）しあとでもいいですか。

아! 지금 쓰고 있어서 조금 있다가 괜찮아요?

어휘　辞書（じしょ）사전　貸（か）す빌려주다

핵심포인트 잡기　•「〜てもらえますか」는 「〜てもらえませんか」와 같은 의미를 가진 의뢰표현이다.
•사정을 설명할 때는 「ので」를 사용하자.

 47

問題3　すみません、こちらの色は売り切れなのですが……。 죄송합니다, 이 색은 다 팔렸는데요…

응답예　そうですか。じゃ、他にはどんな色がありますか。
그렇군요. 그럼 그 밖에는 어떤 색이 있습니까?
今度はいつ入ってきますか。　다음에는 언제 들어옵니까?

어휘　色색　売り切れ매진　他그 밖　どんな어떤　今度다음 번　いつ언제　入る들어오다
　　　～てくる~해오다

핵심포인트 잡기

• 점원의 「～のですが……」는 뭔가 곤란한 상황일 때 쓰는 표현이다. 「売り切れ」라는 단어
를 모른다고 하더라도 「すみません～のですが……」에서 대충 어떤 상황인지 파악해 보
자. 「そうですか、わかりました」라고 하면 모범적인 답은 아니지만, 정답으로 인정해 주
므로 될 수 있으면 답하도록 하자.
•「入ってくる」는 「入荷する(입하하다)」의 회화체적 표현이다.

 48

問題4　日本語がとても上手になりましたね。 일본어 상당히 능숙해졌네요.

응답예　そうですか。ありがとうございます。　그래요? 감사합니다.
ありがとうございます、でもまだまだです。
감사합니다, 하지만 아직 멀었어요.

어휘　日本語일본어　上手だ능숙하다　まだまだです아직 멀었어요

핵심포인트 잡기

여기서는 칭찬하는 말에 대한 답례의 말을 하는 것이 정답이다. 생각지도 않은 말을 듣고 놀라
「そうですか↑」로 기쁨을 표현한다든지, 「まだまだです」로 겸손한 태도를 보인다면 리
얼리티를 느낄 수 있다.

응답예
20日^{はつか}の2時^じがいいんですが……。　20일 2시가 좋은데요…
来週^{らいしゅう}の木曜日^{もくようび}なら大丈夫^{だいじょうぶ}です。　다음 주 목요일이라면 괜찮습니다.

어휘　病院^{びょういん}병원　次^{つぎ}다음　予約^{よやく}예약　何日^{なんにち}몇일　来週^{らいしゅう}다음 주　木曜日^{もくようび}목요일
大丈夫^{だいじょうぶ}だ괜찮다

핵심포인트 잡기
- 자기 스케줄을 전달하는 장면이다. 「〜がいい」「〜なら大丈夫^{だいじょうぶ}」라고 표현한다. 일시를 조정하고 있는 장면이므로 일방적으로 말하는 「〜にしてください」「〜にします」등 단정적인 표현을 사용하지 않도록 해야 한다.
- 「(함께)~하다」라는 의도로 쓰이는 「〜ましょう」가 아니므로,「〜ましょう」로 답하지 않도록 한다.

〈제4회〉

1단계

제3부

제1부
제2부
제3부
제4부 (part1)

問題 1.

💡（2秒）→ 発信音 → 🎤（15秒）　終わりです

問題 2.

💡（2秒）→ 発信音 → 🎤（15秒）　終わりです

問題 3.

💡（2秒）→ 発信音 → 🎤（15秒）　終わりです

問題 4.

💡（2秒）→ 発信音 → 🎤（15秒）　終わりです

問題 5.

💡（2秒）→ 発信音 → 🎤（15秒）　終わりです

問題1　昨日(きのう)はどうして授業(じゅぎょう)を休(やす)んだんですか。 어제는 왜 결석했어요?

응답예　頭(あたま)が痛(いた)かったんです。　머리가 아팠어요.
体(からだ)の調子(ちょうし)が悪(わる)くて、起(お)きられなかったんです。　몸이 안 좋아서 못 일어났어요.

어휘　昨日(きのう)어제　どうして왜, 어째서　授業(じゅぎょう)수업　休(やす)む쉬다　頭(あたま)が痛(いた)い머리가 아프다
体(からだ)の調子(ちょうし)が悪(わる)い몸이 안 좋다　起(お)きる일어나다

핵심포인트 잡기
- 사정을 설명하는 표현 「〜んです」를 사용한다(보통형＋んです).
- 「痛(いた)い」「体(からだ)が痛(いた)い」는 한국어로 직역한 표현으로 일본어에서는 쓰이지 않는다. 반드시 「頭(あたま)が」「足(あし)が」와 같이 아픈 부위를 지정해서 표현한다. 전체적으로 컨디션이 나쁠 경우에는 「調子(ちょうし)が悪(わる)い」「具合(ぐあい)が悪(わる)い」라고 표현한다.

問題2　この本(ほん)は貸(か)し出(だ)しすることができません。 이 책은 대출을 할 수 없습니다.

응답예　そうですか。わかりました。　그렇군요. 알겠습니다.
じゃ、コピーもしてはいけませんか。　그럼 복사도 안 되나요?

어휘　貸(か)し出(だ)しする대출하다

핵심포인트 잡기
- 여기서 「〜ことができない」는 개인적인 능력이 아니라, '규칙에 어긋나므로 할 수 없다'를 나타낸다.
- 규칙을 묻는 표현 「〜てはいけませんか(금지의 여부)」「〜てもいいですか(허가의 요청)」「〜ことになっていますか(규칙)」 등을 사용하여 추가로 질문을 하면 좋은 점수를 받을 수 있다.

問題3　荷物(にもつ)には水(みず)やライターは入(はい)っていませんか。 짐에는 물과 라이터는 들어있지 않습니까?

응답예　はい、大丈夫(だいじょうぶ)です。　네, 괜찮아요.
あ、水(みず)を持(も)ってきてしまいました。　앗, 물을 가져 와 버렸어요.

어휘　空港(くうこう)공항　荷物(にもつ)짐　水(みず)물　ライター라이터　持(も)つ가지다
〜てしまう~해버리다

- 핵심포인트 잡기 • 부정형에서의 질문이므로 답변은 「はい、入っていません」 또는 「はい、大丈夫です」가 된다. 「いいえ」로 답하지 않도록 주의하자.
  - 「〜てしまう」는 실패, 후회의 마음을 표현할 때 쓰면 효과적이다.

問題4 この服、似合ってますか。 이 옷, 어울려요?

응답예 ええ、とっても似合ってますよ。　응, 아주 잘 어울려요.
りえさんの顔の色に、とても合っていますよ。
리에 씨의 얼굴색과 아주 잘 맞아요.

- 핵심포인트 잡기 • 「とっても」＝「とても」를 강조해서 한 말이다.
  - 「似合う」와 「合う」를 혼동하지 않도록 주의하자. 「(사람에 옷이) 似合う(어울리다)」 「(사람과 사람이) 似合う(어울리다)」에 대해 「(얼굴색에 옷의 색깔이) 合う(맞다)」, 즉 「(물건과 물건이) 合う(맞다)」이다.
  - 상대방에게 새로운 정보를 전달하는 「〜よ」를 사용한다.

問題5 夏休みはどこか行きましたか。 여름휴가 때 어딘가 갔습니까?

응답예 はい、家族と旅行に行ってきました。　네, 가족과 여행을 갔다 왔어요.
暑かったので、家で休んでいました。　더워서 집에서 쉬었어요.

- 핵심포인트 잡기 • 「どこに(어디에)」가 아니라 「どこか(어딘가)」이므로 반드시 장소를 말할 필요는 없다.
  - 「行きました(갔습니다)」보다 「行ってきました(갔다왔습니다)」가 자연스럽다.
  - 여기서는 여름휴가는 과거의 이야기이기 때문에 과거의 상태를 나타내는 「〜ていた」(休んでいました)를 사용한다.

 **발음 · 유창성의 포인트**  56

제3부에서는 '일본인과의 자연스러운 대화가 가능한지 어떤지'가 측정목적이므로 발음이나 억양에는 특히 주의하자. 문장 끝에 붙는 말 하나로 다양한 의미를 나타내는 경우가 있으므로 주의하자.

■ 「そうですか」의 억양

상대방의 말에 놀랐을 때　→　そうですか（↑）
상대방의 말에 납득했을 때　→　そうですか（↓）
상대방의 말에 납득이 안 갈 때　→　そうですか（↑）

■ 「～ですね」의 억양  57

확인할 때　→　明日、7時ですね。（↑）
공감할 때　→　今日も暑いですね。（↓）

■ 인사말 58

일상적인 커뮤니케이션에 꼭 필요한 인사를 억양에 주의하면서 말해 보자.

おはようございます 안녕하세요(아침인사)　　どうもありがとうございます 감사합니다
お疲れ様でした 수고하셨어요　　失礼します 실례합니다　　失礼しました 실례했습니다
よく似合っていますね 잘 어울리네요　　気をつけていってらっしゃい 조심해서 다녀오세요

 **어휘 포인트**

■ 생활에 필수적인 단어를 장면과 행동별로 외워두자.

[직장 · 학교]

会議 회의	打ち合わせ 미팅,회의	スケジュール 스케줄	外出する 외출하다
休む 쉬다	コピーする 복사하다	お茶をいれる 차를 끓이다	上司 상사
部下 부하	同僚 동료	先生 선생님	先輩 선배
後輩 후배	友達 친구	プレゼンする 프레젠테이션을 하다	教科書 교과서
辞書 사전	授業を受ける 수업을 받다	テストを受ける 시험을 보다	レポートを出す 리포트를 제출하다
発表する 발표하다			

[가게 · 시설]

~屋 ~가게	本屋 책방	八百屋 채소가게	文房具屋 문구점
居酒屋 술집	レストラン 레스토랑	デパート 백화점	病院 병원
銀行 은행	郵便局 우체국	カフェ 카페	スーパー 슈퍼
博物館 박물관	美術館 미술관	映画館 영화관	劇場 극장
野球場 야구장	店員 점원	会計する 계산하다	注文する 주문하다

[이동]

自動車／車 자동차/차	地下鉄 지하철	電車 전철	バス 버스
飛行機 비행기	船 배	タクシー 택시	歩く 걷다
走る 달리다	~に乗る ~를 타다	~を降りる ~를 내리다	~で~に乗り換える ~에서 ~로 갈아타다

[병]

~が痛い ~(이)가 아프다	おなか 배	頭 머리	足 다리
のど 목	歯 이	はれている 부었다	熱がある 열이 있다
鼻水が出る 콧물이 나다	くしゃみが出る 재채기가 나다	だるい 나른하다	寒気がする 오한이 나다
やけどをする 화상을 입다	けがをする 부상을 입다	食欲がない 식욕이 없다	吐き気がする 구역질이 나다

SJPT 문법 포인트

■「~ます」と「~んです」

예) ① 今日、学校に行きます。(ます형)오늘 학교에 갑니다.
　　② 今日、学校に行くんです。(보통체＋んです)오늘 학교에 가요.

이 두 개의 문장은 뉘앙스가 약간 다르다. ①은「今日はどこに行きますか(오늘은 어디에 갑니까?)」에 대한 응답이고, ②는「今日はどうしてパーティーに来ないんですか(오늘은 왜 파티에 안 와요?)」에 대한 응답이다. 「보통체＋んです」는 무언가 사정을 설명할 때 자주 사용되는 표현이다.

예) 昨日、宿題がたくさんあったんです。 어제 숙제가 많았어요.
　　(→だから今日遅くなりました。 그래서 오늘 지각했습니다)

　　私の出身地は東京じゃないんです。 제 출신지는 동경이 아니에요.
　　(→だから東京の発音は難しいです。 그래서 동경발음은 어렵습니다)

■「～んですが……」
사정을 설명하는 「～んです」에 「が」를 붙이면 말을 머뭇거리는 표현이 된다. 거기서 문장을 끝내도 부자연스럽지는 않다.
자기의 사정을 설명하고 상대방에게 무언가 부탁하고 싶을 때나 무언가 묻고 싶을 때 그것을 확실하게 말하지 않고 전달할 수 있는 하나의 방법이다.

예)　(道案内で)
　　ちょっとこの近くはよくわからないんですが……。 (길 안내에서) 이 근처는 잘 몰라서요...
　　(말하는 이의 의도 : 다른 사람한테 물어 보세요)

　　(店で)
　　他の色のシャツがほしいんですが……。 (가게에서) 다른 색의 셔츠가 있었으면 좋겠는데…
　　(말하는 이의 의도 : 보여 주세요)

　　(約束するとき)
　　今度の木曜日がいいんですが……。 (약속할 때) 이번 목요일이 좋은데요…
　　(말하는 이의 의도 : 당신 예정은 괜찮습니까?)

초급학습자의 응답예

問題1 いらっしゃいませ。何_{なに}かお探_{さが}しですか。 어서 오세요. 뭔가 찾으시는 것이 있으신지요?

응답예　コトを買いたいですが……。

코트를 사고 싶습니다만...

저자 해설　여기서는「コート」를「コト」라고 발음하고 있습니다. 왜래어는 한국어와 일본어에서 발음이 다른 것이 많습니다. 특히 장음(ー)이나 촉음(ッ) 등 확실히 발음하지 않으면 알아 들을 수 없는 경우가 많기 때문에 주의합시다.
예) コート、 ジーンズ、 T（ティー）シャツ、 スニーカー、 ブーツ、 ストッキング、
　　スカーフ
그리고 여기서는「～ですが」가 아니라「～んですが」로 말하는 편이 자연스럽습니다. (p.60 참조)
→すみません、コートが買いたいんですが……。

問題2 昨日_{きのう}はどうして授業_{じゅぎょう}を休_{やす}んだんですか。 어제는 왜 결석했어요?

응답예　風邪_{かぜ}をひいたんですから……。

감기에 걸렸기 때문에...

저자 해설　여기서는「～んです」로 사정을 설명하거나,「～から」나「～ので」로 이유를 설명하는 방법이 있는데,「～んですから」와 같이 두개를 연달아 사용하는 것은 잘못된 표현입니다.
→風邪_{かぜ}をひいたんです。／風邪_{かぜ}をひいたので……。
또는 후회의 기분을 나타내는「～てしまった」를 붙이면 보다 자연스럽게 들립니다.
→風邪_{かぜ}をひいてしまったんです。

개요 및 공략법

1 어떤 문제가 출제되는가?

제2부, 제3부와는 달리 제4부와 제5부에서는 그림에서 힌트를 얻을 수 없는 문제가 출제된다. 음성으로 질문을 들은 후 25초 사이에 응답을 한다. 출제되는 문제의 범위는 제3부에 이어 생활과 깊은 관련이 있는 주제이지만, 제3부와 다른 것은 현장감 있는 실제회화 상황과 거리가 먼 주변의 화제(가족, 여행, 가정, 일, 취미, 휴일, 요리 등)에 대해서 자신의 견해를 말한다든지 설명을 한다든지 하는 점이다. 응답준비시간이 15초 있으므로 어느 정도 정리된 내용을 준비해서 말할 수 있는 섹션이다.

> • 출제문항 수 : 5문항
> • 응답준비시간 : 15초
> • 응답시간 : 25초

2 평가기준 및 목적

제4부는 누구에게나 해당되는 질문내용이며 응답시간이 짧지도 길지도 않아서 간단하게 답할 수도 있고, 꼼꼼하게 준비한 답변도 할 수 있는 폭 넓은 문제 섹션이라고 할 수 있다. 여기서 어떻게 답변하느냐에 따라 초급인지, 중급인지, 상급인지가 구별되는 것이다. 질문을 알아 듣고 답할 수 있는 정도이면 초급~중급, 상세하게 말할 수 있으면 중급 이상의 실력이 있다고 평가 받을 수 있을 것이다. 그렇다고 해서 제4부는 어디까지나 주변의 화제에 한정된 질문이므로 너무 상세한 설명이나 논리정연한 의견까지는 요구하지 않는다. 주변의 화제에 대해서 일상적으로 자주 사용되는 어휘를 사용하면서 상대방에게 전달할 수 있는 힘이 있는지 없는지가 제4부의 측정목적이다.

3 공략법

「제4부 · part1」에서는 우선 '질문을 듣고 간결하게(1~2문장으로) 답한다'라는 것을 목표로 한다. 왜냐하면 제1단계 목표인 레벨4에 도달하기 위해서는 '주변의 화제 중에서도 특히 자주 이야기하는 내용에 관해서 회화를 할 수 있다' '기초문법이나 기초어휘를 적절하게 써서 틀린 곳이 있어도 이해를 방해할 정도는 아니다'라는 것이 요구되기 때문이다. 제4부에서 취급되는 화제는 폭넓지만 질문 패턴은 정해져 있다. '이유를 말하라' '비교를 하라' '설명하라' 등 질문유형에 따른 응답형태를 준비해 두면 차분하게 답할 수 있을 것이다.

1단계
제1부
제2부
제3부
제4부
(part1)

1 다음 단어의 의미는 무엇입니까? 써 봅시다. 🎧59

① _________ ② _________ ③ _________ ④ _________ ⑤ _________ ⑥ _________

2 어떤 의미입니까? 선택지에서 고르세요.

① **a.** 당신이 좋아하는 나라는 어디입니까? 그 이유는?
   b. 당신이 좋아하는 음식은 무엇입니까? 그 이유는?
   c. 당신이 좋아하는 장소는 어디입니까? 그 이유는?

② **a.** 당신의 직장이나 학교를 간단히 설명해 보세요.
   b. 당신의 가족이나 친구에 대해 간단히 설명해 보세요.
   c. 당신의 직장까지 가는 길을 간단히 설명해 보세요.

③ **a.** 당신은 버스나 전철을 타면 어디로 자주 갑니까?
   b. 당신은 버스와 전철 어느 쪽이 더 편리하다고 생각합니까?
   c. 당신은 버스와 전철 중 어느 쪽이 더 자주 탑니까?

3 어떻게 대답하면 좋을까요? 선택지에서 고르세요.

① **a.** ファーストフードは体に悪いです。それで、私はファーストフードが嫌いです。
   b. 私はロッテリアよりもマクドナルドの方がおいしいと思います。
   c. 私はファーストフードが好きです。1週間に2回は必ず食べています。

② **a.** 活発な子供で、毎日遅くまで外で遊びました。
   b. 両親のいうことをよく聞く、いい子供です。
   c. ミナちゃんという友達がいて、よく遊びました。

③ **a.** 私は友達からもらった手紙を大切にしています。
   b. 毎日朝6時に起きて、家の前の公園をジョギングしています。
   c. 私はすぐ怒ってしまうことが多いです。

정답

1 ① 장소(場所) ② 직장(職場) ③ 쉽다/간단하다(簡単だ) ④ 편리하다(便利だ) ⑤ 어린이(子供)
  ⑥ 습관(習慣)

2 ① c (あなたの好きな場所はどこですか。その理由は？)
  ② a (あなたの職場や学校を、簡単に説明してください。)

③b(あなたはバスと電車とどちらが便利だと思いますか。)

3 ①a(あなたはファーストフードが好きですか。その理由は？)
　 ②a(あなたは子供の頃、どんな子供でしたか。説明してください。)
　 ③b(あなたにはどんな習慣がありますか。説明してください。)

어휘　理由이유　学校학교　説明する설명하다　バス버스　電車전철　どちらが어느 쪽이

ファーストフード패스트푸드　好きだ좋아하다　体に悪い몸에 나쁘다　それで그래서　嫌いだ싫어하다

必ず반드시　活発だ활발하다　毎日매일　遅くまで늦게까지　遊ぶ놀다　両親부모

いうことをよく聞く말을 잘 듣다　友達친구　手紙편지　大切にする소중히 하다　朝아침　起きる일어나다

公園공원　ジョギングする조깅하다　すぐ바로　怒る화내다　多い많다

2 ①「場所(장소)」는 한자어지만, 한국어 발음과는 비슷하지 않기 때문에 잘 알아듣기 힘든 단어이다.
　　「場所」 이외에 「형용사＋所(장소,곳)」도 자주 쓰인다. 이유를 묻는 표현은 「理由は何ですか(이유는 무엇입
　　니까?)」 외에 「どうしてですか(어째서입니까?)」라고 표현한다. 「なぜ(왜)」는 약간 딱딱한 표현이므로 회화
　　에서는 거의 사용하지 않는다.

　② ①과 마찬가지로 「場」를 「ば」라고 읽으므로 주의하자. 「職場と学校」가 아니라 「職場や学校」이므로 어느
　　한쪽 자기에게 해당하는 쪽에 대해서 간단하게 설명하는 문제이다.

　③「〜と〜とどちらが〜」를 알아들었다면 두 개를 비교하는 문제라는 것을 알 수 있을 것이다. 또한 의견을 묻는
　　문제는 반드시 「〜と思いますか」로 끝낸다.

3 ① 이 문제의 질문은 「好きかどうか」「その理由」 두 개로 이루어져 있다. 두 개에 대해서 답하고 있는 것은 a이
　　다. b는 비교를 묻는 문제가 아니므로 ×, c는 이유가 들어있지 않기 때문에 감점이 되는 답변이 된다.
　　b 저는 롯데리아보다 맥도널드가 맛있는 것 같습니다.
　　c 저는 패스트푸드를 좋아합니다. 일주일에 두 번은 꼭 먹습니다.

　②「どんな子供か」와 「何をしたか」는 다른 질문이다. 이 설문은 「どんな子供でしたか」이기 때문에 반드시
　　성격에 관해서 언급해야 한다. 「活発で」라고 성격에 대해 답한 것은 a이다. b는 현재형으로 답하고 있기 때문
　　에 내용은 좋지만 감점 대상이 된다.
　　b 부모님 말을 잘 듣는 착한 아이입니다.
　　c 미나라는 친구가 있어서 자주 놀았습니다.

　③「習慣」의 의미를 알고 답한 b가 정답이다.
　　a 저는 친구한테 받은 편지를 소중하게 간직하고 있습니다.
　　c 저는 버럭 화를 내는 경우가 많습니다.

주변의 화제에 관한 질문을 합니다. 간단하게 답해 봅시다. 응답시간은 25초입니다.

〈제1회〉

問題 1.

問題 2.

（15秒）→ 発信音 → （25秒）　終わりです

問題 3.

（15秒）→ 発信音 → （25秒）　終わりです

問題 4.

（15秒）→ 発信音 → （25秒）　終わりです

問題 5.

（15秒）→ 発信音 → （25秒）　終わりです

問題1 あなたの好きな場所はどこですか。その理由は？ 당신이 좋아하는 장소는 어디입니까? 그 이유는?

응답예   私の好きな場所は横浜です。横浜は海が近くて、雰囲気がいいからです。

제가 좋아하는 장소는 요코하마입니다. 요코하마는 바다가 가깝고 분위기가 좋기 때문입니다.

어휘 横浜요코하마(일본 가나가와현에 있는 도시)   海바다   近い가깝다   雰囲気분위기

핵심포인트 잡기
- 좋아하는 것과 그 이유를 설명하는 설문이다.
- 좋아하는 것을 설명하는 「私は〜が好きです(저는 ~를 좋아합니다)」도 괜찮다.
- 이유를 설명할 때는 여러 가지 방법이 있지만, 「문장＋から」가 가장 알기 쉽다.

  좋아하는 것, 싫어하는 것의 판단하는 이유로 「〜し」를 사용하는 것도 아주 자연스럽다.

  예）横浜は海が近いし、雰囲気もいいし、好きなところです。

  요코하마는 바다가 가깝고 분위기도 좋고 해서 좋아하는 곳입니다.

 62

問題2 あなたの職場や学校を簡単に説明してください。 당신의 직장이나 학교를 간단하게 설명해 보세요.

응답예   私の大学はソウルにあります。学生が多くて、歴史が古い学校です。

우리 대학은 서울에 있습니다. 학생이 많고, 역사가 오래된 학교입니다.

어휘 大学대학   ソウル서울   学生학생   歴史역사   古い오래되다

핵심포인트 잡기
- 자기 주변과 생활에 대해 간단하게 설명하는 설문이다.
- 「職場や学校を説明する(직장과 학교를 설명한다)」라고 하면 약간 광범위한 표현이지만, 위치와 건물에 대해 이야기해도 되고 업무내용과 전공에 대해 이야기해도 틀린 답은 아니다.
- 「〜は〜にあります」「います／あります」는 틀리기 쉬우므로 주의하자.
- 동사て형으로 문장을 잇는다. 동사て형의 활용에 주의하자(→제2부 참조).

問題3 あなたはバスと電車とどちらが便利だと思いますか。

당신은 버스와 전철 중 어느 쪽이 편리하다고 생각합니까?

응답예 私は電車の方が便利だと思います。電車は遅れることがあまりないからです。

저는 전철이 편리하다고 생각합니다. 전철은 늦는 일이 그다지 없기 때문입니다.

어휘 便利だ편리하다　遅れる늦다　あまり그다지

핵심포인트 잡기
- 두 개의 것을 비교하는 설문이다.
- 비교표현은 한국어를 직역하지 않도록 하자.
   예) 私は、バスより電車がもう便利だと思います。✕

   저는 버스보다 전철이 더 편리하다고 생각합니다.

   반드시 「Ｂが」가 아니라 「Ｂの方が」라고 표현해야 한다. 또 「もう」보다는 「もっと」가 적절하지만, 여기서는 「もう」또는 「もっと」를 붙이지 않고 말하는 것이 자연스럽다.
- 자신의 생각을 말할 때는 「～と思います」를 반드시 붙여야 한다. 그 때 접속형에 주의하자.
   명사／な형용사 → ～だと思います　　い형용사／동사 → ～と思います

問題4 あなたは子供の頃、どんな子供でしたか。説明してください。

당신은 어릴 때 어떤 아이였습니까? 설명해 보세요.

응답예 私は活発な子供でした。うちの中より外で遊ぶ方が好きでした。

저는 활발한 아이였습니다. 집 보다 밖에서 노는 것을 좋아했습니다.

어휘 活発だ활발하다

핵심포인트 잡기
- 과거의 일을 설명하는 설문이다.
- 각 품사의 '과거형'을 확인할 것.
   명사 : 子供でした아이였습니다
   い형용사 : 楽しかったです즐거웠습니다
   な형용사 : 好きでした좋아했습니다
   동사 : 行きました갔습니다

問題5 あなたには、どんな習慣がありますか。説明してください。
당신에게는 어떤 습관이 있습니까? 설명해 보세요.

응답예　私は毎朝、犬の散歩をしています。　저는 매일 아침 개를 산책시키고 있습니다.

어휘　習慣습관　毎朝매일 아침　犬개　散歩をする산책을 하다

핵심포인트 잡기
- 자기 주변의 것과 생활에 대해 설명하는 설문이다.
- 「～する習慣があります」와 같이 질문과 같은 형식으로 답해도 되지만, 습관을 나타내는 표현 「～ています」를 사용하면 보다 자연스러운 문장이 된다.

〈제2회〉　　　　　　　　　　　　　　　　　　66　　제**4**부

問題 1 .

　　　　💡（15秒）→ 発信音 → 🎤（25秒）　　終わりです

問題 2 .

　　　　💡（15秒）→ 発信音 → 🎤（25秒）　　終わりです

問題 3 .

　　　　💡（15秒）→ 発信音 → 🎤（25秒）　　終わりです

問題 4 .

　　　　💡（15秒）→ 発信音 → 🎤（25秒）　　終わりです

問題 5 .

　　　　💡（15秒）→ 発信音 → 🎤（25秒）　　終わりです

問題1　あなたは一週間のうち何曜日が好きですか。その理由は？

당신은 일주일 중 무슨 요일을 좋아합니까? 그 이유는?

응답예　私は金曜日が一番好きです。一週間が終わって、次の日が休みだからです。

저는 금요일을 가장 좋아합니다. 일주일이 끝나고 다음날이 쉬는 날이니까요.

어휘　一週間 일주일　金曜日 금요일　一番 가장, 제일　終わる 끝나다　次の日 다음날　休み 휴일

핵심포인트 잡기
- 좋아하는 것과 그 이유를 설명하는 설문이다. 「私は〜が好きです。〜からです」 문형에 맞게 한다면 간결하게 답변할 수 있다.
- '왜냐하면'을 번역하면 「なぜかというと」 「なぜなら」가 되지만 그다지 일반적인 표현이 아니다.
- 「〜から」 앞에는 「休みです」(정중체)도 「休みだ」(보통체)도 되지만, 「〜からです」 앞에는 보통체를 사용한다.
  예) 休みだからです。○
  　　休みですからです。✕

問題2　あなたは一日にどのくらいテレビを見ますか。説明してください。

당신은 하루에 어느 정도 텔레비전을 봅니까? 설명해 보세요.

응답예　私は一日に2時間くらいテレビを見ます。ニュースとドラマを見ます。

저는 하루에 2시간 정도 텔레비전을 봅니다. 뉴스와 드라마를 봅니다.

어휘　一日 하루　どのくらい 어느 정도　テレビ 텔레비전　見る 보다　ニュース 뉴스　ドラマ 드라마

핵심포인트 잡기
- 「どのくらい」 가 시간의 정도를 묻는 의문사라는 것을 알아 듣고 이해하는 것이 포인트이다.
- 간단하게 말하라고 해도 '설명하는 것' 자체가 과제이므로 「2時間くらい」 라고 시간만을 답하는 것으로는 충분하지 않다. 어떤 텔레비전을 보고 있는지 간단하게 추가할 필요가 있다.

問題3 あなたは国内旅行と海外旅行とどちらが好きですか。その理由は？
당신은 국내여행과 해외여행 중 어느 쪽을 좋아합니까? 그 이유는?

응답예 私は海外旅行の方が好きです。外国では新しい文化に触れることができるからです。

저는 해외여행을 좋아합니다. 외국에서는 새로운 문화를 접할 수 있기 때문입니다.

어휘 国内旅行국내여행 海外旅行해외여행 外国외국 新しい새롭다 文化문화 触れる접하다

핵심포인트 잡기
- 비교하는 문제이다. 제1회 문제 ③과 같이 「～の方が」를 빠뜨리지 않고 넣어서 말하도록 해야 한다.
- 「～より」는 여기서는 생략하고 있다.
- 가능표현 「동사사전형＋ことができる」으로 이유를 설명하고 있다.

 70

問題4 先週起こったできごとの中で、一番おもしろかったことは何ですか。説明してください。 지난 주에 일어난 일 중에서 가장 재미있었던 것은 무엇입니까? 설명해 보세요.

응답예 私の友達が学校に来た時、右足と左足に違うくつを履いていたことです。

제 친구가 학교에 왔을 때, 신발을 왼쪽 오른쪽 다른 것을 신고 있었던 것입니다.

어휘 先週지난주 起こる일어나다 できごと일어난 일, 사건 中で중에서 おもしろい재미있다
右足오른쪽 발 左足왼쪽 발 違う다르다 くつを履く신발을 신다

핵심포인트 잡기
- 과거에 관한 질문이므로 「～た＋時」와 같이 과거형으로 답하는 것에 유의해야 한다.
- 「おもしろかったことは何ですか」라는 질문에 대한 답변이므로, 「동사사전형＋ことです」로 답하는 것이 무난하다.
- 특히 문형 「～た時、～たことです」의 형태로 하면 간결하게 정리하기 쉽다.
  예) 日曜日の夜に、おもしろい番組を見たことです。

  일요일밤에 재미있는 프로그램을 본 것입니다.
  友達とお酒を飲んだ時、ゲームをしたことです。

  친구와 술을 마셨을 때 게임을 한 것입니다.

問題5 もしあなたが子供（こども）の頃（ころ）に戻（もど）れるとしたら、何（なに）がしたいですか。

만약에 당신이 어릴 때로 돌아갈 수 있다면 무엇을 하고 싶습니까?

응답예 その時（とき）の友達（ともだち）と、もう一度（いちど）遊（あそ）びたいです。

그 때의 친구와 한 번 더 놀고 싶습니다.

어휘 戻（もど）る 돌아가다   もう一度（いちど） 한 번 더   ～たい「동사ます형＋たい」로 ~하고 싶다

핵심포인트 잡기
- 「もし～としたら(～たら)」가 가상의 표현이다는 것을 알아듣는 것이 포인트이다.
- 희망표현「동사ます형＋たい」인 경우는 조사가 바뀐다는 점에 유의해야 한다.

  예) すしを食（た）べる 초밥을 먹다 → すしが食（た）べたい 초밥을 먹고 싶다 (「を」는「が」로 바뀜)
  友達（ともだち）に会（あ）う 친구를 만나다 → 友達（ともだち）に会（あ）いたい 친구를 만나고 싶다 (「に」는 바뀌지 않음)

〈제3회〉　　　　　　　　　　　　　　　　　　　　　72　제**4**부

問題1.

💡（15秒）→ 発信音 → 🎤（25秒）　終わりです

問題2.

💡（15秒）→ 発信音 → 🎤（25秒）　終わりです

問題3.

💡（15秒）→ 発信音 → 🎤（25秒）　終わりです

問題4.

💡（15秒）→ 発信音 → 🎤（25秒）　終わりです

問題5.

💡（15秒）→ 発信音 → 🎤（25秒）　終わりです

問題1　あなたはどんな動物が好きですか。その理由は？ 당신은 어떤 동물을 좋아합니까? 그 이유는?

응답예　私は犬が好きです。犬はかわいいし、人の言うことをよく聞きます。

저는 개를 좋아합니다. 개는 귀엽고 사람말을 잘 듣습니다.

어휘　動物동물　かわいい귀엽다　人사람　言う말하다

핵심포인트 잡기
- 제1회, 제2회 문제와 마찬가지로 「〜が好きです＋ 理由」로 간결하게 답변할 수 있다.
- 「〜から」를 반드시 붙이지 않아도 「〜し、〜です(ます)」 표현으로 충분히 이유를 나타낼 수 있다.
- 「言うことを聞く(말을 듣다)」는 동물뿐만 아니라 아이에게도 쓸 수 있는 표현이다.

問題2　あなたが他の人と比べて得意なことは何ですか。簡単に説明してください。
당신이 다른 사람에 비해서 잘하는 것은 무엇입니까? 간단하게 설명해 보세요.

응답예　私は野球が得意です。子供の時、野球クラブでやっていました。

저는 야구를 잘합니다. 어릴 때 야구부 활동을 했습니다.

어휘　比べる비교하다　得意だ잘하다　簡単に간단하게　野球야구

핵심포인트 잡기
- 「得意」= '잘 할 수 있는 것'이라는 의미라는 것을 알 수 있냐가 포인트이다.
- 「〜が上手です」와 마찬가지로 「〜が得意です」에서 조사에 유의하자.
- 「簡単に説明してください(간단하게 설명해 보세요)」라는 지시이므로 잘하는 것은 무엇인가만 답하는 것이 아니라 잘하게 된 경위에 대해 간단하게 덧붙이는 것이 좋다.
- 회화에서는 스포츠는 「する(하다)」라는 의미로 「やる(하다)」를 사용하는 경우가 많다. 특히 자기 경험을 설명할 때는 「〜する」보다 「やる」가 자연스럽다.

問題3　あなたは家で作って食べることと外食とどちらが好きですか。
당신은 집에서 만들어서 먹는 것과 외식 중 어느 쪽을 좋아합니까?

응답예　私は家で作って食べる方が好きです。自分の好きな味が作れるからです。

저는 집에서 만들어서 먹는 것을 좋아합니다. 자기가 좋아하는 맛을 만들 수 있기 때문입니다.

핵심포인트 잡기

• 「外食(외식)」를 못 알아듣더라도 「家で作って食べること(집에서 만들어서 먹는 것)」과 비교 대상이 되는 것을 상상하면 답할 수 있는 문제이다.

• 제1회, 제2회의 비교문제와 마찬가지로 「～の方が」로 반드시 답해야 한다.

• 가능표현은 「동사사전형＋ことができる」와 동사가능형 두 종류가 있지만, 가능형으로 말하는 것이 더 자연스럽다.

🎧76

問題4 あなたが最近買いたいと思っているものは何ですか。説明してください。

당신이 요즘 사고 싶은 것은 무엇입니까? 설명해 보세요.

응답예

私は新しいパソコンが欲しいです。薄くて、持ち運びやすいものがいいです。

저는 새 컴퓨터를 갖고 싶습니다. 얇고 들고 다니기 편한 것이 좋습니다.

어휘 最近 최근, 요즘   買う 사다   パソコン 컴퓨터   欲しい 갖고 싶다, 원하다   持ち運ぶ 들고 다니다

〜やすい 「동사ます형＋やすい」 의 형태로 '~하기 편하다/쉽다'

핵심포인트 잡기

• 「명사＋が欲しい」 또는 「명사＋が買いたい」로 답한다.

• 여기서는 사고 싶은 이유에 대해서 묻고 있지 않으므로 이유를 답할 필요는 없다. 어떤 것을 원하는지 간단하게 설명할 수 있으면 된다.

🎧77

問題5 もしルームメイトと一緒に住むとしたら、どんな人と一緒に住みたいですか。

만약에 룸메이트와 함께 산다면 어떤 사람과 함께 살고 싶습니까?

응답예

私と同じくらいの年で、家のこともきちんとしてくれる人と住みたいです。

저와 비슷한 나이로 집안일을 깔끔하게 해 주는 사람과 살고 싶습니다.

핵심포인트 잡기

• 제2회 問題5와 마찬가지로 가상에 관한 문제이다.

• 「どんな人」라는 질문이므로 「보통체＋명사(여기서는 「人」)」로 답해야 한다.

예) 명사＋명사   同じくらいの年の人 비슷한 나이의 사람

　　い형용사＋명사   話がおもしろい人 이야기가 재미있는 사람

　　な형용사＋명사   静かな人 조용한 사람

　　동사＋명사   約束をきちんと守ってくれる人 약속을 잘 지키는 사람

 **SJPT** 발음 · 유창성의 포인트 

제4부에서는 자기 중심으로 응답하는 경우가 많아진다. 자주 사용되는 단어를 정확한 액센트로 발음할 수 있도록 연습해 보자.

- ■ 「韓国」「日本」의 액센트
  かんこく／かんこくの／かんこくは／かんこくに
  かんこくご／かんこくごの／かんこくごは／かんこくごに
  かんこくじん／かんこくじんの／かんこくじんは／かんこくじんに
  →「～語」「～人」가 붙었을 때 액센트가 바뀐다.

  にほん／にほんの／にほんは／にほんに
  にほんご／にほんごの／にほんごは／にほんごに
  にほんじん／にほんじんの／にほんじんは／にほんじんに

  문장으로 연습해 보자. 
  韓国は日本より人口が少ないです。
  韓国語と日本語は似ている点が多いです。
  私は韓国人の友達と日本人の友達がいます。

- ■ 「と思います」의 억양
  「と思います」의 앞부분까지가 가장 말하고 싶은 내용이기 때문에 「と思います」를 강하게 말하지 않도록 하자. 문말 쪽은 산을 내려가는 이미지로 발음 하자.

  バスより電車の方が便利だと思います。
  海外旅行に行きたいと思います。
  一生懸命勉強しようと思います。

 **SJPT** 어휘 · 문법 포인트

제4부의 질문에 간결하게 답하기 위해서 다음 표현을 확인해 두자.

■ 이유	■ 비교	■ 과거
～から	～より～の方が～です	과거형＋時
～ので	～に比べると～	
～んです		
～て	■ 사물에 대한 설명	■ 가정
～し、～し…	～て	もし～たら…
	～と～く（に）なります	～たいです

초급학습자의 응답예

問題1 あなたは家で作って食べることと外食とどちらが好きですか。

당신은 집에서 만들어서 먹는 것과 외식 중 어느 쪽을 좋아합니까?

응답예 外食の方が便利だから好きです。

외식 쪽이 편해서 좋습니다.

저자 해설 어느 쪽이 좋은지, 왜 좋은지, 한 문장 안에서 간단하게 표현하고 있어서 좋습니다. 단 답안이 너무 심플하기 때문에 여유가 있다면 「外食はどんな点が便利か」「例えばどんなものを買って食べるか」등 추가하면 더 좋아집니다.

→外食の方が便利だから好きです。食べた後、お皿を洗わなくてもいいですから。

외식 쪽이 편하기 때문에 좋습니다. 먹은 후에 설거지를 하지 않아도 되기 때문입니다.

→外食の方が便利だから好きです。私はうちの近くでお弁当をよく買っています。

외식 쪽이 편하기 때문에 좋습니다. 저는 집 근처에서 도시락을 자주 삽니다.

問題2 もしルームメイトと一緒に住むとしたら、どんな人と一緒に住みたいですか。

만약에 룸메이트와 함께 산다면 어떤 사람과 함께 살고 싶습니까?

응답예 私は友達と一緒に住みたいです。

저는 친구와 함께 살고 싶습니다.

저자 해설 이 질문은 「どんな人」이기 때문에, 단지 「友達」라고 답하는 것보다, 조금 더 구체적으로 어떤 사람인지를 대답할 수 있으면 좋습니다.

→一番仲がいい友達と一緒に住みたいです。 가장 사이가 좋은 친구와 함께 살고 싶습니다.

→私のことを何でも知っている友達と一緒に住みたいです。 저에 대해서는 뭐든 잘 알고 있는 친구와 함께 살고 싶습니다.

그리고 어째서 그런 사람이 좋은지를 간단하게 답할 수 있다면 더욱 좋습니다.

→仲がいい友達と住んだら、毎日とても楽しそうだからです。 사이 좋은 친구와 살면 매일 정말 재미있을것 같기 때문입니다.

2단계

목표레벨: **6**

| 제4부 | 短い応答（part2） |
| 제5부 | 簡単な応答（part1） |

어떤 능력이 요구되는가?

- 기본적인 문법을 구사해서 말할 수 있다(제1~4부)
- 자기 주변의 화제에 대해서 자기의 말로 이야기할 수 있다(제4부)
- 사회문제 등 추상적인 주제에 대해 이해하고 자기의 생각을 간단하게 말할 수 있다(제5부)
- 어느 정도 간추려진 양을 말할 수 있다

어떤 사람이 목표로 해야 하나?

- 중급학습자
- 기초문법을 끝낸 사람
- 일본인과 대화한 경험이 있는 사람

개요 및 공략법

공략법

「제4부 · part2」에서는 "질문에 대해 상세하게 답하는 것"을 목표로 한다. 등급설명에서는 '익숙해진 말에 대한 질문에는 상세하게 답할 수 있다'가 레벨6의 능력으로 되어 있다. 그러므로 제4부를 완벽하게 해내는 것은 중급 중에서도 상급에 가까운 레벨6의 실력을 가지고 있다는 것을 증명하는 것이 된다. 거꾸로 말하면, 제4부에서 답변을 제대로 못하고, 제5부에서 아무리 많은 이야기를 한들 기본적인 문제를 답할 수 있는지 어떤지를 채점자가 판단할 수 없기 때문에 레벨6 이상의 판정을 받기는 어려워진다. 즉 레벨6 이상을 목표로 하기 위해서는 제1부에서 제4부까지 모든 문제를 하나도 놓치지 않도록 하고 또한, 무언으로 응답시간이 끝나버리는 일 없이 답해야 한다. 제4부 문제를 하나라도 놓치지 않기 위해서는 우선 문제를 정확하게 이해하며 들을 수 있어야 하고 응답시간인 25초를 최대한 사용하며 이야기하는 것이다. 물론 문법이나 어휘 실수가 너무 많으면 감점 대상이 되므로 초급 교과서에 실린 문법 및 어휘는 올바르게 사용할 수 있도록 해 두는 것도 중요하다.

※ 「제4부 · part2」에서는 「part1」의 정답과 어떤 식으로 다른지를 나타내기 위해, part1과 같은 문제를 사용했다. 2단계부터 공부를 시작하는 분은 「part1」과 「part2」를 비교해서 2단계(목표 : 레벨6)에서 요구되는 구체적인 정답 이미지를 파악해 두자.

2단계

제**4**부

제4부 (part2)

제5부 (part1)

주변의 화제에 관한 질문을 합니다. 가능한 한 상세하게 답해 봅시다.
응답시간은 25초입니다.

〈제1회〉

問題 1.

      💡（15秒）→ 発信音 → 🎤（25秒）   終わりです

問題 2.

      💡（15秒）→ 発信音 → 🎤（25秒）   終わりです

問題 3.

      💡（15秒）→ 発信音 → 🎤（25秒）   終わりです

問題 4.

      💡（15秒）→ 発信音 → 🎤（25秒）   終わりです

問題 5.

      💡（15秒）→ 発信音 → 🎤（25秒）   終わりです

問題1 あなたの好きな場所はどこですか。その理由は？ 당신이 좋아하는 장소는 어디입니까? 그 이유는?

응답예

私の好きな場所は、日本の京都です。京都は、私が日本語を勉強してから初めて旅行したところなので、とても印象に残っています。有名なお寺や建物があって伝統的な雰囲気もあるし、学生が多いのでショッピングの施設も多いし、とても楽しかった思い出があります。

제가 좋아하는 장소는 일본의 교토예요. 교토는 제가 일본어를 공부하고 나서 처음으로 여행한 곳이기 때문에 인상에 아주 남아 있어요. 유명한 절과 건물이 있어서 전통적인 분위기도 있고 학생이 많기 때문에 쇼핑 시설도 많아서 정말 즐거웠던 추억이 있어요.

어휘 印象に残る인상에 남다　伝統的전통적　雰囲気분위기　思い出추억

핵심포인트 잡기
- 자기가 좋아하는 장소를 여행한 경험과 관련 지으며 답변하고 있다.
- 「~からです」「~ので(好きです)」등 기본적인 문법을 사용하지 않아도 「印象に残っている」「とても楽しかった思い出」등 긍정적인 표현을 많이 사용함으로써 이유를 상세하게 설명하는 답변이다.
- 판단을 나타내는 표현 「~し、~し」를 단어가 아닌 문장단위로 연결함으로써 더 상세한 설명이 되는 것이다.

問題2 あなたの職場や学校を簡単に説明してください。 당신의 직장이나 학교를 간단하게 설명해 보세요.

응답예

私の大学は新ソウル大学といって、ソウルの南部に位置しています。総合大学なのでどんな学部でもありますが、特に経済学部と工学部が人気があってテレビに出るような有名な教授もたくさんいます。キャンパスは広い方だと思いますが、坂があって移動がちょっと大変です。

제가 다니는 대학은 신서울대학이라는 곳으로 서울 남부에 위치하고 있어요. 종합대학이므로 모든 학부가 있지만 특히 경제학부와 공학부가 인기가 있고, 텔레비전에 나오는 그런 유명한 교수님도 많아요. 캠퍼스는 넓은 편이라고 생각하지만, 경사진 곳이 있어 이동할 때 좀 힘들어요.

어휘 ~という~라고 한다　~に位置する~에 위치하다　総合大学종합대학교
　　　テレビに出る텔레비전에 나오다　坂비탈(길), 경사지　移動이동

핵심포인트 잡기 대학의 위치나 크기에 대한 것과 같은 외면적인 설명과 전공에 대한 내용적인 설명으로 구성되어 있다. 여러 가지 면에서 설명해야만 하는 것은 아니지만, 하나로 포인트를 잡는다면 3~4문장 걸쳐서 설명할 수 있도록 하자.

問題3 あなたはバスと電車とどちらが便利だと思いますか。

당신은 버스와 전철 중 어느 쪽이 더 편리하다고 생각합니까?

응답예 私は電車の方が便利だと思います。電車は時間が正確なので、出かけるスケジュールが立てやすいというのが大きな理由です。また、バスは揺れるので本も読みにくいですが、電車の中では本を読んだり簡単な勉強もできるので、時間を有効利用することができます。

저는 전철이 편리한 것 같아요. 큰 이유는 전철은 시간이 정확하기 때문에 외출할 스케줄을 짜기 수월하다는 것이에요. 또 버스는 흔들리기 때문에 책도 읽기 힘들지만, 전철 안에서는 책을 읽는다든지 간단한 공부도 할 수 있기 때문에 시간을 유효하게 쓸 수 있잖아요.

어휘 正確だ정확하다   スケジュールを立てる스케줄을 짜다   揺れる흔들리다

～にくい「동사ます형＋にくい」~하기 힘들다/어렵다

～することができる「동사기본형＋ことができる」~할 수 있다

핵심포인트 잡기
• 의견을 묻는 문제는 이유를 묻는 질문이 포함되어 있지 않아도 이유를 말해서 듣는 사람을 납득시켜야 한다('설득' 할 필요는 없다). 여기서는 큰 이유(스케줄을 짜기 수월한 것)뿐만 아니라 추가적인 이유(시간을 유용하게 쓸 수 있다는 것)도 말해서 더 상세하게 설명하고 있다.
• 전철의 좋은 점을 부각시키기 위해서 버스와 비교해서 설명하고 있다.

問題4 あなたは子供の頃、どんな子供でしたか。説明してください。

당신은 어릴 때 어떤 아이였습니까? 설명해 보세요.

응답예 私はおとなしくて、恥ずかしがりやの子供でした。家族や近所の友達の前では明るい性格でしたが、初めて会う人には大人でも子供でも何にも話せなくなってしまいました。今もまだちょっとそんなところがあって、初対面の人と打ち解けるまで時間がかかる方です。

저는 얌전하고 부끄럼이 많은 아이였어요. 가족이나 근처에 사는 친구들 앞에서는 밝은 성격이었지만, 어른이든 아이든 처음 만나는 사람한테는 아무 말도 못했어요. 지금도 아직 그런 점이 좀 있어서 초면인 사람과 허물없는 사이가 될 때까지 시간이 걸리는 편이에요.

어휘 おとなしい얌전하다 恥ずかしがりや부끄럼을 많이 타는 사람 〜てしまう~해버리다
そんなところがある그런 점이 있다 初対面초면 打ち解ける허물없이 사귀다

핵심포인트 잡기 •「どんな〜〜か」라는 질문에서는 처음부터 길게 답변하는 것이 아니라, 먼저 한마디로 단적으로 답하고(「恥ずかしがりやの子供でした」), 그 후에 에피소드를 말하는 것이 잘 전달될 수 있다.

問題5 あなたには、どんな習慣がありますか。説明してください。
당신은 어떤 습관이 있습니까? 설명해 보세요.

응답예 私は毎日、日記をつけています。小学生の頃に始めたので、もうかなり長く続いている習慣です。疲れたり遅く帰ってきたりして忘れる日もありますが、次の日には必ず、前の日何をしたかメモだけでもするようにしています。10年後に読み直すのが、今から楽しみです。

저는 매일 일기를 쓰고 있어요. 초등학교 때부터 쓰기 시작했기 때문에 벌써 꽤 오랫동안 계속된 습관이에요. 피곤할 때나 늦게 귀가했을 때는 잊어버리는 날도 있지만, 다음 날에 반드시 전날에 무엇을 했는지 메모만이라도 해요. 10년 후 다시 읽어보는 것이 지금부터 기대가 돼요.

어휘 日記をつける일기를 쓰다 頃무렵, 시절 〜だけでも~만이라도
〜ことにしている~하려고 하고 있다 読み直す다시 읽다

핵심포인트 잡기 • 어떤 습관이 있어 언제 시작했는지, 어떤 식으로 계속되고 있는지에 대해 설명하고 있다. 물론 왜 시작했는지와 같은 이유를 설명에 추가해도 된다.
• 「〜ています」「〜ことにしています」의 형태로 습관을 나타낸다.

〈제2회〉  제**4**부

제**4**부
(part2)

제**5**부
(part1)

問題 1.

 （15秒） → 発信音 →  （25秒）　終わりです

問題 2.

 （15秒） → 発信音 →  （25秒）　終わりです

問題 3.

 （15秒） → 発信音 →  （25秒）　終わりです

問題 4.

 （15秒） → 発信音 →  （25秒）　終わりです

問題 5.

 （15秒） → 発信音 →  （25秒）　終わりです

問題1　あなたは一週間のうち何曜日が好きですか。その理由は？

당신은 일주일 중 무슨 요일을 좋아합니까? 그 이유는?

응답예

私は金曜日が一番好きです。やっぱり次の日から週末だというのが一番の理由です。金曜日にも授業やアルバイトがありますが、週末が楽しみで、授業中やアルバイト中にも、2日間何をしようかと考えるとわくわくします。それに、一週間頑張ったという達成感を感じるのも金曜日です。

저는 금요일을 가장 좋아해요. 역시 다음 날부터 주말이라는 것이 가장 큰 이유에요. 금요일에도 수업과 아르바이트가 있지만, 주말이 기대되니까 수업 중이나 아르바이트 중에도 이틀간 무얼 할까 생각하면 설레요. 게다가 일주일간 열심히 했다는 성취감을 느끼는 것도 금요일이에요.

어휘　やっぱり 역시　〜というのが ~라는 것이　〜中 ~중　わくわくする 설레다　達成感 성취감

핵심포인트 잡기
- 가장 큰 이유인「次の日から週末だ(다음날부터 주말이다)」라는 것에 대해서 더욱 더 상세하게 말하고 있다.
- 이유가 두 개 일 때는 우선「一番の理由は〜(가장 큰 이유는~)」라고, 설명한 후「それに〜(게다가~)」로 덧붙이자. 두 개의 이유 모두 상세하게 말하려고 하면 말하는 도중에 응답시간이 끝날 우려가 있으므로 하나로 좁혀서 가능한 한 자세하게 말하도록 하자.

- 자기의 평소 생활에 해당되지 않는 질문이 나왔을 경우에는 솔직하게 답해도 된다. 다만 「私はテレビをあまり見ません(저는 텔레비전을 그다지 보지 않습니다)」「家にテレビがありません(집에 텔레비전이 없습니다)」 등 한마디로 답변을 끝내버리지 않도록 해야 한다. 응답예와 같이 「昔は見ていたが、今は見ていない(옛날에는 봤지만 지금은 안 본다)」「週末は見ることもある(주말에는 보는 경우도 있다)」 등 질문에는 딱 들어맞지 않지만 주변의 상황에 대해 설명한다.

- 다만 질문에서 빗나간 답만 하면 질문의 의도를 이해하고 있는지 어떤지를 채점자가 판단하기 어려울 수 있으므로 마지막에는 질문에 대한 답(여기서는 「1週間に換算すると〜(일주일로 환산하면)」)도 덧붙여야 한다.

問題3 あなたは国内旅行と海外旅行とどちらが好きですか。その理由は？

당신은 국내여행과 해외여행 중 어느 쪽을 좋아합니까? 그 이유는?

응답예

私は海外旅行の方が好きです。海外に出ると、国内では感じることのできない開放感を味わうことができます。確かに移動も大変だし、言葉が通じない国だといやな目にあうこともあって、楽しいことばかりではないですが、私は新しいものや体験が好きな方なので、海外の方がいいですね。

저는 해외여행을 좋아해요. 해외로 나가면 국내에서는 느낄 수 없는 해방감을 맛볼 수 있어요. 물론 이동도 힘들고 말이 통하지 않는 나라에서는 봉변을 당하는 경우도 있어 즐거운 일만 있는 것은 아니지만, 저는 새로운 물건이나 체험을 좋아하는 편이라 해외가 좋아요.

어휘 　海外に出る 해외로 나가다　開放感を味わう 해방감을 맛보다　確かに〜が 물론~(이지)만
言葉が通じない 말이 통하지 않는다　いやな目にあう 봉변을 당하다　体験 체험

핵심포인트 잡기
- 이유를 설명하기 위해 「確かに〜だが」와 같이 나쁜 면에 대해서도 인정하면서 설명하면 좋은 면이 더욱 더 강조된다.
- 다만 제5부처럼 논리적인 의견을 말하는 것은 요구되지 않기 때문에 개인적인 기호를 전면에 내세워도 된다.

問題4 先週起こったできごとの中で、一番おもしろかったことは何ですか。説明してください。 지난 주에 일어난 일 중에서 가장 재미있었던 일은 무엇입니까? 설명해 보세요.

응답예

私の大学の友達が週末お酒を飲みに行って、月曜日、朝寝坊しちゃったんです。月曜日は絶対休んじゃいけない必修の授業があったんですけど、その授業に間に合うために相当あせっていたのか、右と左に違うくつを履いてきたんです。クラスメイトみんなで笑いました。

제 대학친구가 주말에 술을 마시러 갔기 때문에 월요일에 늦잠을 자 버렸어요. 월요일에는 절대 결석하면 안 되는 필수수업이 있었는데, 그 수업에 늦지 않으려고 많이 조급했는지 신발을 좌우 다른 것을 신고 온 거에요. 반 친구들 모두 웃었어요.

어휘 朝寝坊する늦잠을 자다　〜ちゃう「〜てしまう(해버리다)」의 축약형

〜じゃいけない~해서는 안 된다　必修 필수　〜に間に合う~에 제시간에 대다　相当상당히

あせる초조하다, 안달하다

핵심포인트 잡기
- 하나의 에피소드에 대해 시간흐름에 따라 이야기한다.
- 「〜んです」로 문장을 강조해서 평소와 다른 일이 일어난 것을 나타내고 있다.
- 친구의 이야기라면 친구를 주어로 해서 계속 이야기하는 것이 이해하기 쉽게 이야기 할 수 있다.
- '기승전결'을 염두하고 이야기하면 수월하다.

問題5　もしあなたが子供の頃に戻れるとしたら、何がしたいですか。
만약에 당신이 어릴 때로 돌아갈 수 있다면 무엇을 하고 싶습니까?

응답예　もう一度子供に戻れるとしたら、英語を勉強したいなあって思います。私が小さい時はまだ英語教育が盛んではなくて、私自身も全然興味がなかったんですが、大人になってみて外国語の大切さを知りました。発音は子供の頃のほうが正しく身に付きやすいし、英語を習ってみたいです。

한 번 더 어린이로 돌아갈 수 있다면 영어를 공부하고 싶어요. 제가 어릴 때에는 영어교육이 아직 활성화되어 있지 않았고, 저 자신도 전혀 흥미가 없었는데, 어른이 되어 외국어의 중요함을 알게 되었어요. 발음은 어릴 때가 올바르게 익히기 쉬우니까 영어를 배워 보고 싶어요.

어휘 〜って思う「と思う(라고 생각하다)」의 구어체　盛んだ성하다, 유행하다

興味がある/ない흥미가 있다/없다　大切さ중요함　発音발음　身に付く익히다

핵심포인트 잡기
- 무엇을 하고 싶은지 어릴 때의 상황을 설명하면서 이유를 말하고 있다.
- 여기서는 이유를 말하라는 지시는 없으므로 굳이 이유를 말할 필요는 없다.

〈제3회〉

問題 1．

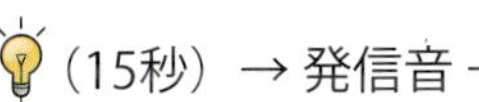 （15秒）→ 発信音 →  （25秒）　終わりです

問題 2．

（15秒）→ 発信音 → （25秒）　終わりです

問題 3．

（15秒）→ 発信音 → （25秒）　終わりです

問題 4．

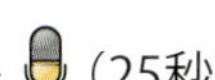 （15秒）→ 発信音 → （25秒）　終わりです

問題 5．

（15秒）→ 発信音 → （25秒）　終わりです

問題1 あなたはどんな動物が好きですか。その理由は？　당신은 어떤 동물을 좋아합니까? 그 이유는?

응답예

私は小さいときから動物は好きな方ですが、その中でも犬が特に好きです。犬は忠誠心が強い動物です。私が一生懸命教えたり、かわいがったりすれば、その分ちゃんと返してくれます。それに、一緒に散歩をすることもできるし、家族のように過ごすことができるから、犬が好きです。

저는 어릴 때부터 동물은 좋아하는 편이었지만, 그 중에서도 개를 특히 좋아해요. 개는 충성심이 강한 동물이에요. 제가 열심히 가르치거나 귀여워해주면 그 만큼 꼭 돌려 주죠. 게다가 함께 산책을 할 수 있고 가족처럼 지낼 수 있으니까 개를 좋아해요.

어휘　特に특히　忠誠心충성심　一生懸命열심히　かわいがる귀여워하다　その分 그 만큼
ちゃんと틀림없이　返す돌려주다

핵심포인트 잡기
- 이유를 설명할 경우 주된 이유를 자세하게 설명한 후 추가 이유를 간단하게라도 말하면 분량도 딱 좋고 상세하게 이야기한 인상도 줄 수 있다.

問題2 あなたが他の人と比べて得意なことは何ですか。簡単に説明してください。

당신이 다른 사람에 비해서 잘 하는 것은 무엇입니까? 간단하게 설명해 보세요.

응답예

ぼくはボールを使ったスポーツが結構上手な方だと思います。小さい頃から父親とよくキャッチボールをしたりしていたので、それでうまくなったのかもしれません。小学生のときは野球、中・高ではサッカーとバスケが好きで、毎日友達と一緒に何時間も練習しました。

저는 공을 사용하는 스포츠를 꽤 잘하는 편이에요. 어릴 때부터 아버지와 자주 캐치볼을 하기도 했기 때문에 그 덕분에 잘하게 된 것일지도 몰라요. 초등학생 때는 야구, 중고등학교 때는 축구와 농구를 좋아해서 매일 친구와 함께 몇 시간이고 연습했어요.

어휘　結構꽤, 상당히　それでユ래서　中・高중고등학교　練習する연습하다

핵심포인트 잡기
- 잘하는 것과 잘하게 된 경위에 대해 설명하고 있다.
- 남자의 경우 「ぼく」로 답변해도 된다.(여자는 「私」만 사용해야 한다. 남자의 「おれ」는 쓰지 않도록 하자)

問題3 あなたは家で作って食べることと外食とどちらが好きですか。
당신은 집에서 만들어서 먹는 것과 외식 중 어느 쪽을 좋아합니까?

응답예
そうですね、たまには外食も楽だし、おいしいんですが、基本的には家で作って食べる方が好きです。外食は食べ続けると飽きてしまうし、栄養も偏っているんじゃないかと思います。家で作れば健康にもいいし、安いし、何より自分が好きな味を作ることができるのがいいです。

글쎄요, 가끔은 외식도 편하고 맛있지만, 기본적으로는 집에서 만들어서 먹는 것을 좋아해요. 외식은 계속 하면 질려 버리고 영양도 균형을 잃게 되는 것은 아닐까 싶어요. 집에서 만들면 건강에도 좋고 싸고 무엇보다 자기가 좋아하는 맛을 만들 수 있는 것이 좋아요.

어휘 楽だ편하다　基本的に기본적으로　食べ続ける「동사ます형＋続ける(계속~하다)」계속 먹다

飽きる질리다　栄養영양　偏る한쪽으로 기울다　健康건강

핵심포인트 잡기
- 비교 문제이다. A와 B중에서 굳이 말하자면 A라는 의견이라도 된다. 그 때 B의 좋은 점도 말하고 그럼에도 불구하고 A가 좋은 이유를 말해야 한다.
- 물론 「どちらでもない」와 같은 의견이라도 좋다. 다만 납득할 수 있을 만큼의 이유를 들지 않으면 애매모호한 인상을 줄 우려가 있다.

問題4 あなたが最近買いたいと思っているものは何ですか。説明してください。
당신이 요즘에 사고 싶은 것은 무엇입니까? 설명해 보세요.

응답예
私のパソコンはもう5年も使っていて、だいぶ古くなってきたので、新しいのと換えたいと思っています。今使っているものは一応ノートパソコンなんですが、ちょっと重いので、今度は少し画面が小さくても構わないので、軽くてどこにでも持っていけるようなパソコンが欲しいです。

제 컴퓨터는 5년이나 사용하고 있기 때문에 상당히 낡아서 새 것으로 바꾸고 싶어요. 지금 사용하고 있는 것은 노트북이기는 하지만, 좀 무겁기 때문에 다음 번에는 화면이 조금 작아도 상관없으니 가볍고 어디라도 가지고 다닐 수 있는 그런 컴퓨터를 갖고 싶어요.

어휘 だいぶ상당히　換える바꾸다　一応일단　画面화면　〜ても構わない~해도 상관없다

どこにでも어디라도　〜が欲しい~를 갖고 싶다

- 어떤 것이 갖고 싶은지, 지금 가지고 있는 것과 사고 싶은 것을 비교하면서 설명하고 있다.
- 항상 〈답＋이유〉의 순서로 답변할 필요는 없다. 이 정답의 경우 〈이유＋답〉의 순서로 되어 있다.

問題5 もしルームメイトと一緒に住むとしたら、どんな人と一緒に住みたいですか。

만약에 룸메이트와 같이 산다면 어떤 사람과 같이 살고 싶습니까?

まず、約束をちゃんと守る人がいいです。例えば、掃除とか洗濯を何曜日に誰がするかを決めたら、決められた曜日にちゃんとやるとか、何時以降は静かにする、とか。家族ではない他人同士が一緒に住むので、ルールを守ることが一番大事なことだと思います。

우선 약속을 잘 지키는 사람이 좋아요. 예를 들면 청소나 빨래를 무슨 요일에 누가 하는지를 정했다면 정해진 요일에 확실하게 한다든지, 몇 시 이후에는 조용히 한다라든지. 가족이 아닌 남남끼리 사는 것이기 때문에 규칙을 지키는 것이 가장 중요한 것 같아요.

어휘 まず우선, 먼저　約束を守る약속을 지키다　決める정하다　決められた曜日정해진 요일　以降이후　他人同士남남끼리　大事だ중요하다

- 어떤 사람이 좋은지 말한 후 구체적인 예를 들면서 설명하고 있다.
- 예시의 표현 「～とか～とか(~든지 ~든지)」는 회화에서 사용하면 자연스럽다.

 고득점을 향한 전략

발음 · 유창성의 포인트

■ 스피드를 올리기 위해서

 99

스피드를 올리기 위해서 어미를 길게 늘리지 말고 이야기하자. 특히 조사나 접속사 뒤는 길어지지 않도록 유의하자.

예) 私は犬が好きです。なぜならー、犬はー、かわいいからです。 ×
　　私は犬が好きです。なぜなら、犬はかわいいからです。 ○

■ 일본어 특유의 발음

 100

① つ　　　つくえ　　ちかてつ　　犬をつれていきます。
② ざ행　　ざっし　　みず　　わざわざ ありがとうございます。
③ 연음　　ほんをよむ　　れんあいをする

어휘 · 문법 포인트

다음 문장은 기본적인 문법을 사용한 표현인데, 어느 쪽이 더 자연스러울까요?

① A. 私は父親に似ているとよく聞きます。
　 B. 私は父親に似ているとよく言われます。

② A. 用事があったので、私の犬を預けました。
　 B. 用事があったので、私の犬を預かってもらいました。

③ A. 子供の頃は、母が毎日嫌いな野菜を食べさせました。
　 B. 子供の頃は、母に毎日嫌いな野菜を食べさせられました。

①②③ 모두 B가 자연스러운 말투이다. 「～と言われる」「～てもらう」 등은 일본어 특유의 표현이고, 일본인이 일상적으로 자주 사용하는 표현이다. 자연스럽게 사용할 수 있도록 하자. 또한 ③의 사역수동형 등 조금 복잡한 수동형을 자주 사용하는 것도 자기를 중심으로 해서 말하는 경우가 많은 일본어의 특징이다. 특히 자기가 피해를 입었다, 기분이 나빠졌다는 것을 나타낼 때는 가해자를 주어로 해서 말하는 것이 아니라 반드시 피해자(주로 「私(나)」)를 주어로 해서 수동형을 사용한다. 이것도 자연스러운 일본어로 들리게 하는 포인트이니 연습해 두자.

중급학습자의 응답예

問題1 あなたは家で作って食べることと外食とどちらが好きですか。

당신은 집에서 만들어서 먹는 것과 외식 중 어느 쪽을 좋아합니까?

응답예 私は料理が得意なので、外食より家で自分が作る料理の方が好きです。普通は韓国料理を作りますが、家で料理の本を見ながら、新しい料理を作ったりします。最近では和食を作りたいと思っています。

저는 요리를 잘해서 외식보다는 집에서 만드는 요리가 좋습니다. 보통은 한국요리를 만들지만, 집에서 요리 책을 보면서 새로운 요리를 만들기도 합니다. 요즘에는 일본식을 만들어 보고 싶습니다.

저자 해설
• 이 응답예에서는 집에서 하는 식사가 좋은 이유는 짧고, 집에서 어떤 요리를 만드는지에 대해서 길게 이야기 하고 있습니다. 이처럼 자신이 잘하는 분야의 질문에서는 자신감을 가지고 시간을 꽉 채워서 이야기하도록 합시다. 단, 질문에 이유를 이야기해야하는 과제가 포함된 경우에는 이유를 중심으로 이야기하도록 합시다. 문제문이 어떤 성질인지 잘 들어 두는 것이 중요합니다.

問題2 もしルームメイトと一緒に住むとしたら、どんな人と一緒に住みたいですか。

만약에 룸메이트와 같이 산다면 어떤 사람과 같이 살고 싶습니까?

응답예 私はルームメイトとルームシェアをするんだったら、ほとんど知らない人とルームシェアをしたいです。その理由は、普段は仲が良い友達も、ルームシェアをしたら、たぶん、けんかとかいろいろな問題が起こる・・・ （時間切れ）

저는 룸메이트와 룸쉐어를 한다면, 거의 모르는 사람과 룸쉐어를 하고 싶습니다. 그 이유는 보통 사이가 좋은 친구도 룸쉐어를 하면 분명 싸우거나 여러가지 문제가 일어나기...(시간 초과)

저자 해설
• 제4부는 여러분이 생각하는 것보다 응답시간이 짧습니다. 이 문제처럼 '룸쉐어'라는 익숙하지 않은 단어를 몇번이나 사용하는 바람에, 시간을 빼앗겨 버려서 중요한 이유 설명이 도중에 끊기고 말았습니다. 응답준비시간에 무엇을 우선적으로 이야기할지 잘 정리해 둡시다.

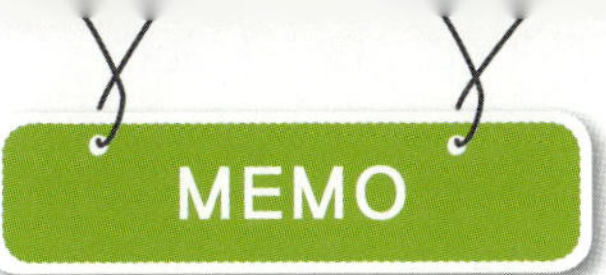

1 어떤 문제가 출제되는가?

제5부에서는 제4부와 마찬가지로 그림 힌트가 없는 문제가 출제된다. 제4부와 다른 점은 테마이다. 제4부에서는 생활이나 업무, 취미 등에 관련된 자기 주변의 테마가 출제되지만 제5부에서는 사회문제를 중심으로 한 조금 추상적인 테마가 출제된다. 자기의 일상생활과는 직접관계가 없는 테마에 대해서 이치에 맞는 의견을 말하는 것이 요구된다. 응답시간은 50초로 어느 정도 갖춰진 분량을 이야기해야 하는 섹션이다.

- 출제문항 수 : 4문항
- 응답준비시간 : 30초
- 응답시간 : 50초

2 평가기준 및 목적

제5부에서는 자기 주변의 이야기가 아닌 추상적인 테마에 대해서 그 문제를 듣고 자기 나름의 의견을 말할 수 있는지를 측정한다. 여기서의 판정의 기준은 '설득력이 있는지'와 '알기 쉬운지'이다. 테마를 이해하고 긴 분량으로 답변할 수 있음으로써 상급에 가까운 실력은 있다라고 평가받는 것이다. 그러나 그것만으로 상급이상의 실력이라고는 인정받을 수 없다. 상급이상의 실력을 가지고 있는 것을 증명하기 위해서는 의견에 설득력이 있는지 없는지 그리고 그 의견을 잘 전달할 수 있을 만큼의 어휘력·표현력이 있는지 어떤지가 중요해진다.

3 공략법

「제5부·part1」에서는 먼저 '평소에 들어본 적이 없는 테마에 대한 문제를 정확하게 듣고, 자기 의견을 제한시간을 최대한 이용해서 이야기 한다'를 목표로 한다. 제5부의 최종도달목표는 논리적인 의견을 이해하기 쉽게 전달하는 것이지만, 그 정도의 어휘력이 없고 자기의 의견을 머리 속에서 정리하면서 이야기할 여유가 없는 중급 수험자가 거기에 도전하는 것은 오히려 문장이 지리멸렬해져 전달하기 어려워져 마이너스로 작용할 위험성도 있다. 바르게 사용하고 있는지 어떤지 불안한 상급어휘를 사용해서 채점자에게 레벨이 높은 인상을 주려고 하는 것 보다 중요한 것은 간단해도 자신있는 어휘를 사용해서 실수 없이 이야기하는 것이다. 레벨6을 목표로 하는 경우, 제4부에서 연습한 자기 주변의 주제에 대해서 상세하게 이야기할 수 있는 능력을 그대로 유지하면서 제5부에서도 답하는 것부터 시작해 보자. 그리고 사람들 사이에서 이슈가 되는 사회문제 등에 관련된 어휘를 알아 들을 수 있도록 해 두는 것도 중요하다.

1 다음 단어를 듣고 의미를 한국어로 써 봅시다.　🎧101

①________　②________　③________　④________

⑤________　⑥________　⑦________　⑧________

2 무엇에 대해서 대답을 해야합니까? 잘 듣고 고르세요.

① a. 국가적인 스포츠 지원의 방법에 대해 자유롭게 의견을 이야기한다.
   b. 스포츠 지원은 강한 종목을 우선으로 해야한다는 의견에 찬성인지 반대인지 이야기한다.
   c. 한국에서 최근 국제대회에서 좋은 성적을 남긴 스포츠에 대해서 자세히 설명한다.

② a. 스트레스 해소법에 대해서 자세하게 설명한다.
   b. 옛날 스트레스와, 현대의 스트레스의 차이에 대해서 설명한다.
   c. 스트레스가 사회에 만연하게 된 원인에 대해서 설명한다.

③ a. 스마트폰이 가지고 있는 기능에 대해서 자세하게 설명한다.
   b. 스마트폰의 편리한 점과 그 폐해에 대해서 자세하게 설명한다.
   c. 기존의 휴대전화와 스마트폰 중 어느 쪽이 편리한지 의견을 이야기한다.

④ a. 가정에서 동물과 인간은 어떠한 관계여야 할까에 대해서 자유롭게 의견을 이야기한다.
   b. 애완동물은 가족과 같이 취급해야한다는 의견에 대해서 찬성인지 반대인지 이야기한다.
   c. 집에서 애완동물을 많이 키우게 된 이유에 대해서 자세하게 설명한다.

1　① 국가(国家)　② 지원(支援)　③ 원인(原因)　④ 비교하다(比べる)　⑤ 종래(従来)　⑥ 장점(長所)
　　⑦ 구축하다(築く)　⑧ 이유를 들다(理由を挙げる)

2　① b　② c　③ b　④ a

어휘　賛成찬성　反対반대　国際大会국제대회　成績を残す성적을 남기다　スマートフォン스마트폰

2　① 国家がある特定のスポーツを支援する際、オリンピックなどの国際大会で良い成績が残せるかどうか
　　を基準にして決めることに賛成ですか、反対ですか。理由を挙げながら詳しく話してください。국가
　　가 어떤 특정스포츠를 지원할 때 올림픽 등 국제대회에서 좋은 성적을 남길 수 있는지 어떤지를 기준으로 정하는
　　것에 찬성입니까? 반대입니까? 이유를 들어 상세하게 말해 보세요.
　　→ 이 문제는 어떤 의견에 대해 찬성인지 반대인지 말하는 문제이다. 찬성인지 반대인지를 말한 후에 왜 찬성(혹
　　　 은 반대)인지 자기 견해를 말한다. a와 같이 처음부터 자기 의견만을 말하는 지시가 아니므로 주의하자.

　② 現代はストレス社会と言われていますが、昔に比べてどうしてストレスが多くなったと考えられます
　　か。ストレスをよく感じるようになった原因についてあなたの考えを述べてください。현대는 스트레
　　스사회라고들 합니다만, 옛날에 비해서 왜 스트레스가 많아졌다고 생각됩니까? 스트레스를 자주 느끼게 된 원인
　　에 대해 당신의 생각을 말해 보세요.
　　→ a.b.c.모두 '설명해 보세요'라는 지시이지만, 이 문제에서는 현대사회에서 문제가 되고 있는 것에 대해서 그
　　　 사회배경에 대해 설명한다든지 그 원인에 대해서 자기 나름의 의견을 말하는 문제이다. '사실에 대해서 설명
　　　 하시오' 라는 문제가 아니므로 자기 나름의 생각을 정리해서 말하면 된다.

　③ 従来の携帯電話と比べて、スマートフォンの長所、または短所は何ですか。詳しく説明してください。
　　종래의 휴대전화와 비교해서 스마트폰의 장점, 또는 단점은 무엇입니까? 상세하게 설명해 보세요.
　　→ 이 문제와 같이 '장점과 단점을 상세하게 말하라' 는 형식도 자주 출제되는 패턴이다. 지시는 '장점과 단점을
　　　 상세하게 설명할 것'이지만 지시한 대로 말한 후 그 장점에서 현재 어떻게 발전했는가, 또 단점에서 앞으로
　　　 어떤 것에 유의해야만 하는가 등 자기 나름대로의 의견을 말하면 정답으로서의 깊이가 더해진다.

　④ 家庭で飼う動物は、人間とどのような関係を築くべきでしょうか。理由を挙げながらあなたの考えを
　　話してください。집에서 키우는 동물은 인간과 어떤 관계를 구축해야만 할까요? 이유를 들어 당신 생각을 말
　　해 보세요.
　→ 이런 타입의 문제는 ①의 「～～という意見に賛成か、反対か」와 같은 질문과 달리 상당히 유연한 질문이라
　　고 말할 수 있다. 의견을 말한다는 점에서는 ①과 마찬가지이지만, ①은 특정한 의견에 자기의 생각을 비교하면
　　서 말하는 것, ④는 어떤 테마에 대해서 자기의 의견을 자유롭게 말할 수 있다는 것이 다른 점이기 때문에 주의하
　　자.

제4부 보다 조금 복잡한 질문을 합니다. 가능한 한 상세하게 답해 봅시다.  응답시간은 50초입니다.

〈제1회〉

問題 1.

問題 2.

(30秒) → 発信音 → (50秒)　終わりです

問題 3.

(30秒) → 発信音 → (50秒)　終わりです

問題 4.

(30秒) → 発信音 → (50秒)　終わりです

問題1 国家がある特定のスポーツを支援する際、オリンピックなどの国際大会で良い成績が残せるかどうかを基準にして決めることに賛成ですか、反対ですか。理由を挙げながら詳しく話してください。 국가가 어느 특정 스포츠를 지원할 때 올림픽 등 국제대회에서 좋은 성적을 남길 수 있나 없나를 기준으로 정하는 것에 찬성입니까? 반대입니까? 이유를 들면서 상세하게 말해 보세요.

응답예 私は(1)オリンピックなどの国際大会で良い成績を残せるかどうかを基準にして国家がスポーツを支援することに賛成します。例えば、韓国のキムヨナ選手のようにとても才能のある選手が一人いれば国の宣伝にもなると思います。実際にフィギュアスケートっていうのは、キムヨナ選手以外に世界で戦える選手がいないですよね。それにもかかわらず、(2)キムヨナ選手が金メダルを取ったから韓国のイメージもとてもアップしたし、スポーツが強い国だっていう印象を与えることができたと思います。

저는 (1)올림픽 등 국제대회에서 좋은 성적을 남길 수 있나 없나를 기준으로 해서 국가가 스포츠를 지원하는 것에 찬성이에요. 예를 들면 한국의 김연아 선수처럼 재능이 뛰어난 선수가 한 사람 있으면 나라의 선전도 될 것입니다. 실제로 피겨스케이트에서는 김연아 선수 이외에 세계에서 싸울 수 있는 선수가 없잖아요. 그럼에도 불구하고 (2)김연아 선수가 금메달을 땄기 때문에 한국의 이미지도 아주 상승했고 스포츠가 강한 나라라는 인상을 줄 수 있었던 것 같아요.

어휘 例えば예를 들면　才能のある재능이 있다　宣伝になる선전이 되다

それにもかかわらず그럼에도 불구하고　イメージがアップする이미지가 상승하다

印象を与える인상을 주다

핵심포인트 잡기 (1) 질문을 정확하게 이해할 수 있다면 (1)과 같이 질문의 일부를 그대로 답변해도 된다.「私はこの意見に賛成／反対します」와 같이 한마디로 말해도 되지만, 질문내용을 그대로 반복함으로써 정확하게 이해하고 있다는 것을 어필할 수 있다. 다만 그 만큼 다른 것을 말할 시간이 없어지는 것이므로 말하고 싶은 것이 어느 정도의 분량이 되는지 잘 생각해야 한다.

(2) 국제대회에서 좋은 성적을 남긴 예로서 피겨 스케이트를 들고 있지만 '국가가 피겨스케이트라는 종목을 지원했기 때문에 좋은 결과를 얻었다' 라는 인과관계를 말하고 있지 않기 때문에 피겨의 예가 설득력을 높이는 예로서 적합하지 않다.

問題2 現代はストレス社会と言われていますが、昔に比べてどうしてストレスが多くなったと考えられますか。ストレスをよく感じるようになった原因についてあなたの考えを述べてください。 현대는 스트레스 사회라고 합니다만, 옛날에 비해서 왜 스트레스가 많아졌다고 생각할 수 있습니까? 스트레스를 자주 느끼게 된 원인에 대해 당신 생각을 말해 보세요.

現代はストレス社会だとよく言われています。(1)それはやっぱり、仕事の内容が一番関係あると思います。昔は外で仕事したり体を使って仕事することが多かったと思うんですけど、今はパソコンを使って何か細かい作業をしたり、机の前から動かない、そういう仕事が増えています。機械と一緒に仕事をするようなイメージです。だから、(2)何か体を使わないで頭と目と手に集中して仕事するっていうところがストレスが増える一番の原因だと思います。

현대는 스트레스 사회라고들 하는데요, (1)그건 업무내용과 가장 관계가 있는 것 같아요. 옛날에는 밖에서 일한다든지 몸을 사용해서 일을 하는 경우가 많았지만, 지금은 컴퓨터를 사용해 무언가 정밀한 작업을 한다든지 책상 앞에 앉아 움직이지 않는 그런 일이 늘고 있어요. 기계와 함께 일을 하고 있는 느낌이 들어요. 그러므로 (2)무언가 몸을 사용하지 않고 머리와 눈과 손에 집중해서 일을 한다는 점이 스트레스가 증가하는 가장 큰 원인인 것 같아요.

어휘　～と言われている~라고들 말한다　昔は/今は 옛날에는/지금은　仕事が増える 일이 늘다
　　　～っていうところ~라는 점　ストレスが増える 스트레스가 증가하다

(1) 원인에 대해 구체적으로 말하기 전에 「업무내용과 가장 관계가 있다」 라고 한마디로 표현하고 있다는 점이 좋다. 지금부터 말할 내용에 대해 짐작할 수 있다.

(2) 이런 식으로 말한다면 몸을 사용한다는 부분이 바뀜에 따라 스트레스가 증가한 것이 되지만, 스트레스라는 심리면에서의 변화를 설명하는 것에는 주장이 약하다.

🎧105

問題3 従来の携帯電話と比べて、スマートフォンの長所、または短所は何ですか。詳しく説明してください。

종래의 휴대전화에 비해서 스마트폰의 장점, 또는 단점은 무엇입니까? 상세하게 설명해 보세요.

今までの携帯電話は話すこととメールとカメラくらいが中心だったと思うんですけど、ちょっと不便だったんですね。それがスマートフォンになったら、(1)まるでパソコンを外に持って歩いているようにいつでもインターネットもできるし、オンラインのゲームもできるし、電車の中とか時間が余っているときに、暇をつぶせるようになったのが長所だと思います。(2)短所はそればっかり毎日毎日見てしまうっていうところです。

지금까지의 휴대전화는 통화하는 것과 문자, 카메라 정도가 중심이었던 것 같은데, 좀 불편했거든요. 그것이 스마트폰이 된 후, (1)마치 컴퓨터를 밖에 들고 다니는 것처럼 항상 인터넷도 할 수 있고, 온라인 게임도 할 수 있어서 전철 안에서 시간이 남을 때에 시간을 때울 수 있게 된 것이 장점인 것 같아요. (2)단점은 그것만 매일매일 본다는 점이에요.

時間が余る시간이 남다　暇をつぶす시간을 때우다　長所장점　短所단점

핵심포인트 잡기 (1) 장점에 대해서 「まるでパソコン～ように(마치 컴퓨터~처럼)」과 같이 비유를 사용하면서 상세하게 말하고 있다는 점이 좋다.

(2) 장점과 단점에 대해 말하는 질문이지만 단점을 말하는 분량이 적어져 버렸다. 시간 배분을 생각하는 것이 좋다.

問題4 家庭で飼う動物は人間とどのような関係を築くべきでしょうか。理由を挙げながらあなたの考えを話してください。

집에서 키우는 동물은 인간과 어떤 관계를 구축해야만 할까요? 이유를 들면서 당신 생각을 말해 보세요.

응답예 家庭で飼う動物は(1)動物だと言ってもやっぱり家族の一員だと思います。特に犬や猫は人間の気持ちもよくわかるし、人間のことを手伝ってくれるし……。(2)例えば家族に赤ちゃんが生まれたりすると、赤ちゃんの世話をしてくれたり危険なことがあったら知らせてくれたりするそうです。(3)だからやっぱり、もちろん食べ物とかは違うんですけど、人間と同じようにかわいがったり話しかけてあげたりして家族として過ごすのがいいと思います。

집에서 키우는 동물은 (1)동물이라고해도 가족의 일원이에요. 특히 개나 고양이는 사람의 마음을 잘 알아주고 사람이 하는 일을 도와주기도 하고…. (2)예를 들면 가족에게 아기가 태어난다든지 하면 아기를 돌봐준다든지 위험한 일이 있으면 알려주기도 한답니다. (3)그러므로 뭐니뭐니해도, 물론 먹는 것 등은 다르지만 사람과 마찬가지로 귀여워해준다든지 말을 건다든지해서 가족으로서 지내는 것이 좋은 것 같아요.

어휘 赤ちゃんが生まれる아기가 태어나다　世話をする돌보다　知らせる알리다
かわいがる귀여워하다　～てあげる~해주다　過ごす지내다

핵심포인트 잡기 (1) 먼저 자기 입장을 명확하게 나타내고 있다는 점이 좋다.

(2) 자기 입장을 뒷받침할 수 있는 예를 구체적으로 들고 있다는 점이 좋다.

(3) 실제로 있었던 어떤 동물에 관한 에피소드 자체가 이유가 되어 「だからやっぱり」로 이어지고 있지만, 이유로 들기에는 설득력이 약하다.

〈제2회〉

問題1.

    💡（30秒）→ 発信音 → 🎤（50秒）　　終わりです

問題2.

    💡（30秒）→ 発信音 → 🎤（50秒）　　終わりです

問題3.

    💡（30秒）→ 発信音 → 🎤（50秒）　　終わりです

問題4.

    💡（30秒）→ 発信音 → 🎤（50秒）　　終わりです

問題1 将来仕事に生かす予定がないなら大学に進学する必要はなく、専門学校などで仕事に必要な技術を学ぶべきだという考えにあなたは同意しますか。理由を挙げながら詳しく話してください。 장래에 업무에 활용할 예정이 없다면 대학에 진학할 필요는 없고, 전문학교 등에서 업무에 필요한 기술을 배워야 한다는 생각에 당신은 동의합니까? 이유를 들면서 상세하게 말해 보세요.

응답예 はい、(1)私はこの意見に同意します。(2)実際、大学を卒業してもその専攻を生かした仕事をする人はほとんどいないんですよ。例えば文学部を出ても文学に関係がある仕事をする人はほとんどいないし、まあ経済学とかは会社で仕事するには少し役に立つかもしれませんが、大体文系の勉強っていうのは就職とは全然関係ないんです。それだったら何か自分が好きなことを若いうちから見つけて専門的に勉強できたら時間の無駄がないのでいいと思います。

네, (1)저는 이 의견에 동의해요. (2)실제로 대학을 졸업해도 그 전공을 살려서 일을 하는 사람은 거의 없어요. 예를 들면 문학부를 나와 문학과 관계가 있는 일을 하는 사람은 거의 없고, 그런대로 경제학 같은 것은 사회에서 일을 하는 데에 조금 도움이 될지도 모르겠지만, 대체로 문과계의 공부라는 것은 취업과는 전혀 관계가 없거든요. 그렇다면 무언가 자기가 좋아하는 것을 젊을 때 찾아서 전문적으로 공부할 수 있다면 시간도 헛되지 않기 때문에 좋은 것 같아요.

어휘 専攻を生かす전공을 살리다　文学部を出る문학부를 나오다　役に立つ유용하다, 도움이 되다
それだったら〜그렇다면　時間の無駄がない시간이 헛되지 않다

핵심포인트 잡기 (1) 질문을 반복하지 않고 짧게 의견을 표명하는 패턴이다. 50초라는 시간을 어떻게 사용할 것인가를 생각해서 이처럼 짧게 말해도 된다.

(2) 자기 생활과 밀접한 문제이기 때문인지, 알고 있는 사실을 말하는 부분이 길다. 의견 그 자체와 관계없는 부분이 너무 길어져 버리면 뒷부분에 상세하게 말할 수 없게 된다. 이 문제의 경우 「大学の勉強は就職の役に立たない(대학공부는 취업에 도움되지 않는다)」라고 하는 부분이 너무 길어서 전문학교에서 배우는 것의 좋은 점에 대해서 충분히 다 말하지 못하고 있다.

問題2 若い世代を中心に政治に関心がなくなってきていますが、その原因は何だと思いますか。また、若者に政治への関心を促すためにどのような方策が考えられますか。 젊은 세대를 중심으로 정치에 관심이 없어지고 있습니다만, 그 원인은 무엇이라고 생각합니까? 또한 젊은이에게 정치에 관심을 촉구하기 위해 어떤 방책을 생각할 수 있습니까?

응답예 そうですね、(1)投票率も下がってきているし、政治への関心が薄くなってきているのは

事実だと思います。そうなってしまったのは、今の政治家というのはスキャンダルがあったりお金の問題があったりして、国民に信頼感を与えてくれないんですね。(2)それで若者たちは政治家は信用できないって思ってしまうんではないかと思います。だからもっと政治家は国民に不信感を与えないような行動をするべきです。(3)あと国民に対して分かりやすい言葉を使うことも大事なことです。

글쎄요, (1)투표율도 내려가고 있고 정치에 관심이 없어지고 있는 것은 사실인 것 같아요. 그렇게 돼 버린 것은 요즘 정치가라고 하면 스캔들이 있다거나 돈 문제가 있다거나 해서 국민에게 신뢰감을 주지 못하지요. (2)그래서 젊은이들은 정치가는 신용할 수 없다고 생각해 버리는 것은 아닐까요? 그래서 정치가는 국민에게 불신감을 더 주지 않도록 행동을 해야만 해요. (3)그리고 국민한테 이해하기 쉬운 말을 사용하는 것도 중요한 일이에요.

어휘 投票率が下がる투표율이 내려가다   関心が薄くなる관심이 없어지다   〜は事実だ〜는 사실이다
信頼感を与える신뢰감을 주다   信用する신용하다   不信感불신감   〜べきだ〜해야만 하다

핵심포인트 잡기

(1) 질문에서 말하고 있는 주제에 대해서 그 내용을 인정함으로써 질문을 이해하고 있다는 것을 어필할 수 있다.

(2) 국민 전체의 이야기를 하고 있는데 갑자기「若者たちは(젊은이들은)」로 대상이 바뀌었기 때문에 설득력이 느껴지지 않는다. 젊은 세대를 대상으로 그들이 정치에 무관심한 이유를 좀 더 자세하게 말해야 한다.

(3) 50초란 시간 안에 말하고 싶은 것을 무엇이든 말한다는 점에서는「Aは〜だ。あと、Bも〜だ。あと、Cも……」이런 식으로 추가해도 된다. 단, 전체의 요지는 알 수 없게 돼 버리므로 유의해야 한다.

🎧110

問題3 同じストーリーを本で表現することと映画で表現することは、どのような点が違いますか。詳しく説明してください。

같은 스토리를 책으로 표현하는 것과 영화로 표현하는 것은 어떤 점이 다릅니까? 상세하게 설명해 보세요.

응답예 本は字だけで書いてありますから、そのストーリーを読みながら、その人なりに想像することができます。でも映画は監督が決めた世界があって、監督が作った世界をみんなに見せてあげるというところが本と違います。だから自分の考えていた想像と違う場合もあるかもしれませんが、現実じゃない世界を実際に目にすることができるという意味では素晴らしいと思います。本の方は、自分なりのストーリーやキャラクターを作れるというところが映画と一番違うところです。

책은 글자만으로 쓰여져 있기 때문에 그 스토리를 읽으면서 그 사람 나름대로 상상할 수 있지만, 영화는 감독이 결정한 세계가 있어서 감독이 만든 세계를 모두 보여 준다는 점이 책과 다른 것 같아요. 그러므로 자기가 생각

했던 이미지와 다른 경우도 있을 수 있지만, 현실이 아닌 세계를 실제로 눈으로 볼 수 있다는 의미에서는 멋있는 것 같아요. 책은 자기 나름의 스토리와 캐릭터를 만들 수 있다는 점이 영화와 가장 다른 점인 것 같아요.

어휘 その人なりに그 사람 나름대로 目にする보다 ～という意味では~라는 의미에서는
　　　自分なりの자기 나름의

핵심포인트 잡기 책과 영화의 차이에 대해서 상세하게 설명하고 있지만, 생각나는 대로 말하고 있기 때문에 말하는 순서가 〈책 이야기→영화 이야기→책 이야기〉로 되어 있다. 각각 정리해서 말하는 것이 알아듣기 쉽다. 또한 「どのような点が違うか」라는 질문에서는 「○○という点が違う」 또는 「2つ違う部分がある。１つは～。もう１つは～。」이런 식으로 어느 부분이 다른지, 또한 다른 점이 몇 개 있는지 처음에 말해 두면 잘 정리해서 말할 수 있다.

🎧111

問題4　韓国の芸能文化、いわゆる「韓流」は今や世界中に広まっています。あなたは韓流はいい現象だと考えていますか。また、韓流は今後どのように発展していくべきでしょうか。詳しく話してください。

한국의 예능문화, 이른바 '한류'는 지금은 전세계로 퍼지고 있습니다. 당신은 한류는 좋은 현상이라고 생각합니까? 그리고 한류는 앞으로 어떻게 발전해 가야 할까요? 상세하게 말해보세요.

응답예 　韓流は日本などアジアだけではなくて、最近ではヨーロッパやアメリカでも人気がある現象です。それは韓国人として自慢に思っています。(1)韓国のイメージっていうのは今まで良くなかったかもしれませんけど、韓流がブームになって若い人たちに韓国のポップなイメージが伝わることになって、いいんじゃないかなあと思います。今は音楽やドラマのジャンルが似ているような気がするので、(2)今後はもっと色々なジャンルの芸能文化も輸出していろんな面を見せられたらいいと思います。

한류는 일본 등 아시아만이 아니라 최근에는 유럽과 미국에서도 인기가 있는 현상이고, 그것은 한국인으로서 자랑스러운 일입니다. (1)한국의 이미지라는 것은 지금까지 좋지 않았었을지도 모르겠습니다만, 한류가 붐이 되어 젊은 사람들에게 한국의 대중적인 이미지가 전해져서 좋은 것 같습니다. 지금은 음악과 드라마 장르가 비슷한 느낌이 들기 때문에 (2)앞으로는 좀 더 여러 장르의 연예문화도 수출하여 여러 가지 면을 보여줄 수 있으면 좋겠습니다.

어휘 ～だけではなく~뿐만 아니라 自慢に思う자랑스럽게 생각하다 ブームになる붐이 되다
　　　～ような気がする~한 듯한 느낌이 들다 輸出する수출하다

핵심포인트 잡기 (1) 한류로 인해 구체적으로 뭐가 바뀌었는지 표현하고 있어서 좋다.
　　　　　　　　(2) 여러 장르의 음악과 드라마를 수출한다는 것은 현실에서 앞으로 있을 수 있는 일이지만,
　　　　　　　　　　 '앞으로의 발전'이라는 추상적인 질문에 대한 답으로서는 내용이 부족하다.

〈제3회〉　　🎧112　제**5**부

問題 1 .

💡（30秒）→ 発信音 → 🎤（50秒）　終わりです

問題 2 .

💡（30秒）→ 発信音 → 🎤（50秒）　終わりです

問題 3 .

💡（30秒）→ 発信音 → 🎤（50秒）　終わりです

問題 4 .

💡（30秒）→ 発信音 → 🎤（50秒）　終わりです

問題1 最近、喫煙が全面禁止されている施設などが増え、公共の場所でたばこを吸うことが難しくなってきていますが、それに対してたばこを吸うことは個人の自由だという「喫煙権」を主張する人々がいます。あなたはこの主張に同意しますか、反対しますか。理由を挙げながら詳しく話してください。

최근에 흡연이 전면 금지되어 있는 시설 등이 증가해, 공공의 장소에서 담배를 피우는 것이 어려워졌습니다만, 그것에 대해 담배를 피는 것은 개인 자유라고 하는 '흡연권'을 주장하는 사람들이 있습니다. 당신은 이 주장에 동의합니까? 반대합니까? 이유를 들면서 상세하게 말해 주세요.

응답예 (1)私は喫煙権というのはたばこを吸いたい人のエゴだと思います。たばこというのは吸っているその人だけで済む問題ではなくて、吸っている煙が風に乗って流れていくと、たばこが好きじゃない人も吸うことになってしまいます。なので、もし場所を決めたとしても結局は(2)たばこが嫌いな人にも悪い影響を与えてしまうので、喫煙権というのは認めるべきではないと思います。たばこを吸いたい人は自分の家とか、他の人に迷惑がかからない場所で吸うべきです。

(1)저는 흡연권이라는 것은 담배를 피고 싶은 사람의 이기적인 생각이라고 생각합니다. 담배라는 것은 피는 그 사람만으로 해결될 문제가 아니고, 필 때의 연기가 바람에 실려 떠돌면 담배를 좋아하지 않는 사람도 피는 셈이 됩니다. 그렇기 때문에 만약에 장소를 정한다고 해도 결국은 (2)담배를 싫어하는 사람들에게도 나쁜 영향을 끼치게 됨으로 흡연권이라는 것은 인정해서는 안됩니다. 담배를 피고 싶은 사람은 자기 집이나 다른 사람에게 민폐를 끼치지 않는 장소에서 피워야 합니다.

어휘 たばこを吸う 담배를 피다　喫煙権 흡연권　エゴ 이기적인 생각　済む 해결되다
風に乗る 바람에 실리다　流れる 흘러가다, 떠돌다　～ことになってしまう ~것이 되고 만다
もし～としても 만약에 ~라고 해도　影響を与える 영향을 주다　認める 인정하다
～べきではない ~해서는 안 된다　迷惑をかける 폐를 끼치다

핵심포인트 잡기 (1)「エゴだと思う」라는 말에서 반대라는 것을 강하게 표명할 수 있다. 이 타입의 문제는 「賛成です／反対です」라고 말하는 것이 무난하지만, 이 예와 같이 다른 표현으로 찬성, 반대를 간결하게 나타내도 된다.

(2) 질문의 핵심인 '담배를 필 권리도 담배를 싫어할 권리도 동등하게 인정해야 한다' 라는 주장에 대해 답변하고 있지 않다. 담배는 나쁜 것이라는 시점에서의 의견밖에 나오지 않아서 설득력이 결여되어 있다.

114

問題2 結婚の平均年齢が年々上昇していますが、この原因についてあなたの考えを詳しく述べてください。 결혼 평균연령이 매년 상승하고 있지만, 이 원인에 대해서 당신 생각을 상세하게 말해 보세요.

응답예

(1)結婚の平均年齢がだんだん上がってきているのは、昔と違って女性が男性と同じように大学に行ったり仕事したりできるようになったからだと思います。もちろん仕事しながらでも結婚できるんですが、会社員の生活というのはあまりに忙しすぎて、相手に出会うチャンスもなかなかなくなるし、忙しい毎日を過ごすうちに気がついたら30代になっているということが多いのではないかと思います。(2)また、男の人の間では結婚に対するマイナスイメージが広がっていると思います。

(1)결혼 평균연령이 점점 올라가고 있는 것은 옛날과 달리 여성이 남성과 마찬가지로 대학에 간다든지 일을 한다든지 할 수 있게 되었기 때문인 것 같습니다. 물론 일을 하면서도 결혼할 수 있습니다만, 회사원 생활이라는 것은 너무 바빠서 짝을 만날 기회도 많이 없어지고, 바쁜 나날을 보내는 사이 정신차려보니 30대가 되었다는 경우가 많은 것이 아닌가 싶습니다. (2)그리고 남자들의 사이에서는 결혼에 대해 마이너스 이미지가 퍼져 있는 것 같습니다.

어휘 ～てきている~해 오고 있다 昔と違って옛날과 달리 できるようになった할 수 있게 되었다

　　　もちろん～が물론 ~이지만 ～のではないかと思う~것이 아닌가 하고 생각하다

핵심포인트 잡기

(1) 원인에 대해 묻고 있는 문제이다. 첫머리에서 「～からだ」라고 이해하기 쉽게 말하고 있기 때문에 이어지는 말이 듣기 쉽다.

(2) 시간 안에 가능한 한 많은 정보를 넣는다는 점에서 아무 말도 하지 않고 침묵의 시간을 만드는 것 보다는 괜찮다. 다만, 「詳しく述べる」라는 지시가 있기 때문에 설명이 부족하다는 인상을 준다. 애초 말할 생각이라면 전반의 이야기를 짧게 정리할 필요가 있다.

🎧115

問題3 大家族と核家族はどんな点が違いますか。家族構成が子供の成長に与える影響という点から、2つを比較してください。

대가족과 핵가족은 어떤 점이 다릅니까? 가족구성이 아이 성장에 미치는 영향이라는 점에서 두 개를 비교해 보세요.

응답예

大家族は家族の人数が多いので食事の準備とか掃除など、お母さんは家の仕事をするのが大変かもしれません。でも、子供たちとかおばあちゃんがお母さんを助けるとか、誰かが誰かを助けながら生活していくことができると思います。例えば、子供の面倒をおばあちゃんが見る、などもそうです。核家族はそういう助け合いができないのが大変ですが、上の世代がいないので親子で仲良く、旅行に行ったり遊んだりすることができて、親子の距離が近くなれると思います。

대가족은 가족이 많기 때문에 식사 준비라든지 청소 등 어머니는 집안일을 하는 것이 힘들지도 모릅니다. 하지만, 아이들이나 할머니가 어머니를 돕는다든지 누군가가 누군가를 도우면서 생활해 갈 수 있습니다. 예를 들면 아이를 돌보는 것을 할머니가 한다 등과 같은 것이에요. 핵가족은 그렇게 서로 돕는 것을 할 수 없다는 것이 힘

들겠지만, 윗세대가 없기 때문에 부모자식간 사이 좋게 여행을 간다든지 놀 수 있어서 부모자식간의 거리가 가까워질 수도 있을 것 같습니다.

어휘 大家族대가족　助け合い서로 도움　核家族핵가족　上の世代윗세대

핵심포인트 잡기　대가족과 핵가족의 차이에 대해 상세하게 말하고 있지만, 질문에 있는 「子供の成長に与える影響 (아이의 성장에 미치는 영향)」라는 테마에 한정해서 말하고 있지 않다. 「大家族は〜だ。核家族は〜だ」라고 말하는 것은 이해하기 쉬워서 좋긴 하지만, 여기에 「一方で」등의 접속표현을 사용하면 더 이해하기 쉽게 전달할 수 있다.

問題4　現代は男女平等な社会だと思いますか。あなたの考えを詳しく述べてください。

현대는 남녀평등사회라고 생각합니까? 당신의 생각을 상세하게 말해 보세요.

응답예　現代は(1)法律的には男女平等かもしれませんが、実際は平等ではないことがまだまだ多いと思います。例えば、一緒に大学に進学して一緒に就職をしても、男性の方が昇進が早かったり、女性は結婚や出産によって昇進ができなくなってしまったり、給料があまり上がらないというケースは実際にあると思います。あとは、家庭ではやっぱりまだ女性の負担は大きいと思います。(2)女の人も仕事をするんだから家庭での役割も平等になったらいいと思います。

현대는 (1)법률적으로는 남녀평등일지 몰라도, 실제로는 평등하지 않은 일이 아직도 많은 것 같습니다. 예를 들면 같이 대학에 진학해서 같이 취직을 해도, 남자가 승진이 빠르다든지 여자는 결혼이나 출산 때문에 승진을 못하게 되버린다든지 월급이 그다지 오르지 않는다는 사례는 실제로 있습니다. 그리고 가정에서는 아직 여자의 부담이 큰 것 같습니다. (2)여자도 일을 하니까 가정에서의 역할도 평등해지면 좋겠습니다.

어휘 法律的には법률적으로는　昇進승진　結婚결혼　出産출산　給料が上がる월급이 오르다
　　 ケース사례　負担が大きい부담이 크다　平等になる평등해지다

핵심포인트 잡기　(1)「法律的に(법률적으로)」와「実際は(실제로는)」을 나눠서 말함으로써 자기의 생각이 '평등하지 않은 것 같다' 라는 것을 잘 주장하고 있다.
(2) 질문이「男女平等な社会だと思うか、考えを自由に述べる(남녀평등사회라고 생각하는가? 생각을 자유롭게 말해보라)」인데, 그냥 평등한지 아닌지를 말하는 것 뿐만 아니라 (2)와 같이 현상에 대해 자기 생각을 말하면 의견으로서 깊이가 생기므로 좋다. 이 응답예의 경우는 일적인 측면에서의 남녀 차이에 대해 말할 때도 (2)와 같이 자기의 생각을 말하는 것이 좋았다.

〈제4회〉 

問題1.

（30秒）→ 発信音 → （50秒）　終わりです

問題2.

（30秒）→ 発信音 → （50秒）　終わりです

問題3.

（30秒）→ 発信音 → （50秒）　終わりです

問題4.

（30秒）→ 発信音 → （50秒）　終わりです

問題1 少子化が進んで年金の支払額が将来少なくなるという予測がある中、子供がいない人は年金の支払い手を産んでいないという点で社会に貢献していないので、子供がいる人より税金を多く払うべきだという意見があります。あなたはこの意見に賛成ですか、反対ですか。理由を挙げながら詳しく話してください。

저출산이 가속화되어 연금 지급액이 장래에 적어질 것이라는 예측이 있는 가운데, 아이가 없는 사람은 연금을 지급할 노동력을 낳지 않았다는 점에서 사회에 공헌하지 않았기 때문에 자식이 있는 사람 보다 세금을 많이 내야 된다는 의견이 있습니다. 당신은 이 의견에 찬성입니까? 반대입니까? 이유를 들면서 상세하게 말해 보세요.

응답예

(1)今は高齢化が進んでいるので、国民みんなで集める年金の額が少なくなるっていうのはやっぱり問題です。その原因の一つは少子化、つまり次の世代である子供の数が少ないことだと思います。だから、この質問のように子供がいる人よりいない人は、その分税金を多く払うべきだというのは、それぞれの家庭の事情と関係なく、そのまま適用してしまっては危ないかもしれませんが、(2)少しは賛成できる意見ではないかなと思います。

(1)지금은 고령화가 빨라지고 있기 때문에 국민 모두가 모은 연금액이 적어진다는 것은 문제입니다. 그 원인의 하나는 저출산 다시 말하면 다음 세대인 아이들의 수가 적어진다는 것입니다. 그러므로 이 질문과 같이 아이가 있는 사람보다 아이가 없는 사람은 그 만큼 세금을 많이 내야만 한다는 것은 각 가정의 형편과 관계없이 그대로 적용해 버려서는 위험할 수도 있지만, (2)조금은 찬성할 수 있는 의견은 아닐까 싶습니다.

어휘 高齢化が進む고령화가 빨라지다　確かに言える확실히 말할 수 있다　事情형편, 사정
適用する적용하다

핵심포인트 잡기
(1) 현재의 상황과 질문내용이 정리되어 있어서 좋다.
(2)「賛成か、反対か」를 묻는 문제에서는 어느 쪽인가 한 쪽에 자기 입장을 맞춰서 말하는 것이 말하기 수월하고, 듣는 사람도 알아듣기 쉽다. 그러나 '일부분 찬성(또는 일부분 반대)''어느 쪽도 아니다'라는 입장을 주장해도 상관없다. 다만 (2)와 같이 자신이 없는 듯한 표현이 아니라 확실한 근거를 들은 후 자신을 가지고 말해야 한다.

問題2 あなたが今まで見た映画の中で一番おもしろいと感じたもののストーリーを詳しく話してください。 당신이 지금까지 본 영화 중에서 가장 재미있다고 느낀 것의 스토리를 상세하게 말해 보세요.

응답예

私が一番おもしろいと思った映画は『今会いにいきます』という映画です。(1)竹内結子っていうきれいな女優さんが出ていて、家族の話で、その女優さんがお母さんの役なんですけど、そのお母さんが若くして病気で死んでしまいます。その後に残されたお父さんと子供が心を強くして生きていくっていう話なんです。(2)家族の愛とか夫婦のつながりっていうものを感じられる、とてもいい映画だと思います。

제가 본 것 중에서 가장 재미있었던 영화는 『今会いにいきます(지금 만나러 갑니다)』라는 영화입니다. (1)다케우찌 유코라는 예쁜 여배우가 나오는 가족이야기로 그 여배우가 어머니역입니다만, 그 어머니가 젊을 때 병으로 죽고 맙니다. 그 후에 남겨진 아버지와 아이가 마음을 굳게 먹고 살아간다는 이야기입니다. (2)가족의 사랑과 부부의 연이라는 것을 느낄 수 있어 아주 좋은 영화인 것 같습니다.

어휘　〜が出ている~가 나오는　残される남겨지다　つながり연, 인연

핵심포인트 잡기

(1) 스토리를 이야기하는 것이 목적이기 때문에 여배우의 이름이나 배역 등의 설명에 시간을 배당하는 것 보다 스토리를 더욱 구체적으로 말하는 것에 시간을 쓰는 것이 좋다.

(2) 마지막에 간추려서 왜 그 영화가 재미있었는지 표현하고 있어서 좋다.

問題3　よい指導者の資質とは何だと思いますか。あなたの考えを述べてください。
좋은 지도자의 자질이란 무엇이라고 생각합니까? 당신 생각을 말해 보세요.

응답예

いい指導者というのは、習う人たちの目標になったり、習う人たちの気持ちを引っ張っていく、そういう資質が必要だと思います。その人の話を聞くだけでも何となく自信が湧いてくるとか、その人の言うとおりにすれば間違いないだろうとか、自分がこれからどう進めばいいのか、その方向を決めてくれるようなカリスマ性というのは、人の上に立って何かを教える立場の人間にとって必要な資質ではないかと思います。

좋은 지도자란 배우는 사람의 목표가 되고 배우는 사람의 마음을 끌어당기는 그런 자질이 필요한 것 같습니다. 그 사람의 말을 듣는 것만으로도 왠지 자신감이 솟아난다든지, 그 사람이 말하는 대로 하면 틀림없겠지라든지, 자기가 앞으로 어떻게 나아가면 되는지 그 방향을 정해주는 것과 같은 카리스마성이라는 것은 진두에 서서 무언가를 가르치는 입장의 인간에게 있어서 필요한 자질인 것 같습니다.

어휘　気持ちを引っ張る마음을 끌어당기다　自信が湧く자신감이 솟아나다　カリスマ性카리스마성
　　　人の上に立つ진두에 서다　〜ではないかと思う~인 것 같다

핵심포인트 잡기　「カリスマ性(카리스마성)」이라는 자질에 대해서 상세하게 말하고 있고, 전체적으로 이해하기 쉽지만, 구체적인 예가 좀 많아서 깊이가 없는 인상을 주고 있다. 왜 카리스마성이 필요한지 그 이유에 대해서 상세하게 말할 수 있으면 설득력이 더해져서 좋다.

問題4 現在、英語教育が盛んに行われ、小学生でも学校で必修授業となっています。あなたは英語はできるだけ早く習った方がいいと考えますか。あなたの考えを詳しく述べてください。 현재 영어교육이 활발하게 행해지고 있어, 초등학생이라도 학교에서 필수수업이 되었습니다. 당신은 영어는 가능한 한 어릴 때 배우는 것이 좋다고 생각합니까? 당신 생각을 상세하게 말해 보세요.

응답예

(1)私は小学生のときに英語をやりませんでした。中学生から始めたので、今考えるとちょっと遅かったかなと後悔しているんです。(2)特に発音なんかは、やっぱり小さいうちからやった方がいいと思うので、今英語を始める年齢が下がってきているというのはいいことだと思います。ただ勉強というよりも、英語に触れるということだけでも大事だと思うので、外国人の先生に授業に入ってもらってネイティブの発音に慣れるとか、そういう簡単なことから始めたらいいと思います。

(1)저는 초등학생 때 영어를 하지 않았습니다. 중학생 때부터 시작했는데 지금 생각하면 좀 늦지 않았었나 하고 후회하고 있습니다. (2)특히 발음 같은 것은 역시 어릴 때부터 하는 편이 좋기 때문에 지금 영어를 시작하는 연령이 낮아지고 있다는 것은 좋은 현상인 것 같습니다. 다만 공부라기 보다도 영어를 접한다는 것만으로도 중요하니까 외국인 선생님이 수업에 들어와 네이티브 발음에 익숙해진다든지 그런 간단한 것부터 시작하는 것이 좋을 것 같습니다.

어휘 英語をやる 영어를 하다　後悔する 후회하다　〜なんかは ~같은 것은
年齢が下がってきている 연령이 낮아지고 있다　英語に触れる 영어를 접하다　慣れる 익숙해지다

핵심포인트 잡기
(1) 경험담을 넣는 것으로 입장을 이해하기 쉽게 전달할 수 있어 좋다.
(2) 영어를 빨리 배우는 것이 좋은 이유가 「発音のため(발음 때문)」이라는 것은 근거로서는 약하다. 또한 (1)과 같이 경험을 이유로 할 경우에는 왜 후회하고 있는지를 구체적으로 말하고 거기에 경험담과는 다른 근거도 들면서 의견에 객관성을 가지도록 할 필요가 있다.

 어휘 포인트

■제5부에서 자주 사용되는 용어

제5부의 주제는 폭넓지만 뉴스 등으로 화제가 되고 있는 문제는 자주 출제되는 경향이 있기 때문에 사용되는 용어의 일본어 표현을 익혀두자.

少子化 저출산	高齢化 고령화	ストレスの解消 스트레스 해소	現代人 현대인
韓流 한류	禁煙 금연	禁煙席 금연석	平均年齢 평균연령
平均寿命 평균수명	核家族化 핵가족화	晩婚化 만혼화	男女平等 남녀평등
雇用機会の均等 고용기회의 균등	障害者 장애인	体の不自由な人 신체 장애인	早期教育 조기교육
自然災害 자연재해	被害 피해	対策 대책	引きこもり 은둔형
ニート 니트, 취업하지 않고 있는 젊은이	正規雇用 정규직 고용	非正規雇用 비정규직 고용	リストラ 해고

 문법 포인트

■「～と思います」 이외의 표현

의견을 말할 때는 「～と思います」가 가장 기본적인 표현이지만, 너무 많이 사용하게 되면 부자연스러워진다. 다음은 의견을 말할 때 쓸 수 있는 여러 가지 표현이다. 각각 연습해 보자.

～んです ~입니다

～ではないでしょうか ~것은 아닐까요?

～と考えます ~라고 생각합니다

～と考えられます ~라고 생각됩니다

～べきです／～べきではありません ~해야만 합니다/~해서는 안됩니다

중급학습자의 응답예

問題1 現代はストレス社会と言われていますが、昔に比べてどうしてストレスが多くなったと考えられますか。ストレスをよく感じるようになった原因についてあなたの考えを述べてください。 현대는 스트레스 사회라고 합니다만, 옛날에 비해서 왜 스트레스가 많아졌다고 생각할 수 있습니까? 스트레스를 자주 느끼게 된 원인에 대해 당신 생각을 말해 보세요.

응답예 最近の社会は、ストレス社会だと言われます。その理由は多分、最近の社会は、仕事的とか勉強的に、いろんな部分で他の人よりもっとよくならないとできないかもしれないっていうイメージがあるからです。この問題は人による問題かもしれませんが、韓国の社会の場合、多分みんなが同じように感じていると思います。

요즘 사회는 스트레스 사회라고 일컬어집니다. 그 이유는 아마 요즘 사회는 일적으로나 공부적으로 다양한 부분에서 다른 사람들보다 더 잘하게 되지 않으면 안된다는 이미지가 있기 때문입니다. 이 문제는 사람마다 다른 문제일지도 모르지만 한국 사회의 경우 아마 모두가 똑같이 느끼고 있다고 생각합니다.

저자 해설 원인에 대한 설명은 이 응답의 중심이 되는 부분이지만, 설명 내용이 명확하지 않기 때문에 이해하기 어렵게 되어 있습니다. 더 구체적인 단어로 표현합시다.
　　→ 仕事でも勉強でも、他の人よりもっと成果をあげないと負けてしまうという圧迫感があると思います。

일에서도 공부에서도 다른사람보다 더 성과를 올리지 않으면 지고 만다는 압박감이 있다고 생각합니다.

問題2 大家族と核家族はどんな点が違いますか。家族構成が子供の成長に与える影響という点から、2つを比較してください。 대가족과 핵가족은 어떤 점이 다릅니까? 가족구성이 아이 성장에 끼치는 영향이라는 점에서 두 개를 비교해 보세요.

응답예 私が考える理想の家族は、人が多い大家族です。たぶん小さい家族、核家族でもうれしいことはあるかもしれませんが、私は大家族のほうが小さい家族よりいいと思います。その理由は、いろんな兄弟や他の家族と一緒に新しいことやいい思い出を作ることができるからです。

제가 생각하는 이상적인 가족은 사람이 많은 대가족입니다. 아마 작은 가족, 핵가족이라도 즐거운 일은 있을지도 모르지만, 저는 대가족이 작은가족 보다 좋다고 생각합니다. 그 이유는 많은 형제나 다른 가족과 함께 새로운 것이나 좋은 추억을 만들 수 있기 때문입니다.

이 수험자는 대가족의 장점을 들면서 핵가족과의 차이를 이야기하고 있습니다. 그 방법은 좋지만, 「理想の家族」「〜よりいい」 등, 주관적인 의견은 여기서 이야기해서는 안됩니다. 이 문제에서는 '어떤 점이 다른가'에 대해서이지, '어느 쪽이 좋다고 생각하는가'가 아니므로 주의합시다.

MEMO

3단계

목표레벨: **8**

제5부	長い応答（part2）
제6부	場面設定
제7부	連続した絵

어떤 능력이 요구되는가?

- 사회문제 등 추상적인 주제에 대해서 이해하기 쉽고, 설득력이 있는 의견을 전개할 수 있다(제5부)
- 상대방이나 장면에 맞게 말투를 바꿀 수 있다(제6부)
- 스토리를 조리있게 말할 수 있다(제7부)

어떤 사람이 목표로 해야 하나?

- 상급학습자
- JLPT N2이상의 단어, 문법을 배운 사람
- 일본어 네이티브 스피커와의 대화에 익숙해져 있는 사람

개요 및 공략법

공략법

「제5부ㆍpart2」에서는 사회문제 등의 추상적인 주제에 대해서 '논리적인 의견'을 '이해하기 쉽게' 전달하는 것을 목표로 한다.

'논리적인 의견'이라는 것은 아무런 근거도 없이 자기 판단만으로 의견을 말하는 것이 아니라 그렇게 생각하게 된 연유(현재 상황을 설명한다, 자기 의견이 타당하다는 근거를 든다, 반대의견은 틀리다라는 것을 말한다, 어떤 상황을 가정해서 자기 의견의 정당성을 주장한다 등)가 정확히 언어화 되어 있는 객관성을 가진 의견을 말한다. 제5부의 응답시간은 50초로 긴 것 같지만, 이러한 것을 확실하게 말하려고 하면 상당히 짧은 시간처럼 느껴질 것이다. 그래서 30초의 응답 준비시간에 어떻게 말하는 것이 좋을지 구성을 미리 생각해 두는 것이 중요하다.

제5부에서 출제되는 주제는 다양하지만 출제형식은 몇 개의 패턴으로 나뉘어져 있다. part1에서는 그 중에서 다음 네 개의 패턴으로 압축해서 연습해 왔다.

①〜〜という意見に賛成か／反対か。その理由も述べなさい。

②〜〜の原因について自分の考えを述べなさい。

③〜〜の長所と短所について詳しく説明しなさい。

④〜〜というテーマについて自分の考えを述べなさい。

part2에서는 이런 패턴별로 어떤 이야기가 효과적인지를 구체적인 문제와 응답예를 들어 소개를 하고자 한다.

또한 듣는 사람(채점자)에게 '의견이 이해하기 쉬운지 어떤지'는 물론 위에 말한 것과 같이 구성이 제일 중요하지만, 어휘나 문법 실수가 적은 것도 채점자가 네이티브 스피커인 경우 아주 중요하다. 기본문법에 대한 실수를 없앨 것 또한 의견을 말하는 장면에 어울리는 다소 딱딱한 표현이나 어휘를 올바르게 사용하는 것에도 유의해서 연습하도록 하자.

※「제5부ㆍpart2」에서는 「part1」의 답변과 어떻게 다른지를 보여주기 위해 part1과 같은 문제를 사용했다. 3단계부터 공부를 시작하는 학습자는 「part1」과 「part2」를 비교해서 3단계(목표:레벨 8)에서 요구되는 구체적인 답변의 이미지를 파악해 보자.

제4부 보다 조금 복잡한 질문을 합니다. 내용을 정리해서 논리적으로 답할 수 있도록 해 봅시다. 응답시간은 50초입니다. 

〈제1회〉

問題 1.

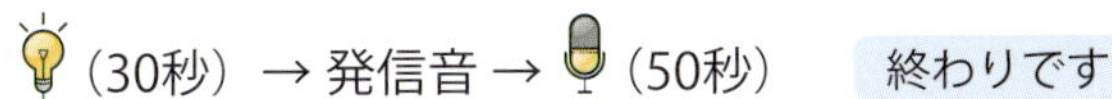
（30秒） → 発信音 → （50秒）　終わりです

問題 2.

（30秒） → 発信音 → （50秒）　終わりです

問題 3.

（30秒） → 発信音 → （50秒）　終わりです

問題 4.

（30秒） → 発信音 → （50秒）　終わりです

問題1　国家がある特定のスポーツを支援する際、オリンピックなどの国際大会で良い成績が残せるかどうかを基準にして決めることに賛成ですか、反対ですか。理由を挙げながら詳しく話してください。 국가가 어느 특정 스포츠를 지원할 때 올림픽 등 국제대회에서 좋은 성적을 남길 수 있나 없나를 기준으로 정하는 것에 찬성입니까? 반대입니까? 이유를 들면서 상세하게 말해 보세요.

응답예

(1)私は、国家がスポーツを支援するということ自体には賛成しますが、種目ごとに差別化を図ることには反対します。(2)確かに国家代表が国際大会で良い成績を収めればスポーツ大国として海外へのアピールにはなるかもしれません。(3)しかし、国家の支援とはすなわち、国民の税金です。スポーツは限られたエリートのためにあるのではなく、国民の健康を守るために存在するべきで、税金はそのための支援に使われるべきだと思います。(4)スポーツの持つ本来の意義を見失わないために、特定の種目を支援することに私は反対です。

(1)저는 국가가 스포츠를 지원한다는 자체에는 찬성입니다만, 종목에 따라 차별화를 도모하는 것에는 반대입니다. (2)하긴 국가대표가 국제대회에서 좋은 성적을 내면 스포츠대국으로서 세계에 어필은 될 지 모르겠습니다. (3)그러나 국가의 지원이라는 것은 즉 국민의 세금입니다. 스포츠는 선택된 앨리트를 위해 있는 것이 아니고, 국민의 건강을 지키기 위해 존재해야만 하는 것이어서 세금은 그것을 위한 지원에 사용되어야만 합니다. (4)스포츠가 가지고 있는 본래의 의의를 잃어버리지 않기 위해서 특정종목을 지원하는 것에 저는 반대입니다.

어휘　～ということ自体には ~라는 것 자체로는　差別化を図る 차별화를 도모하다

確かに～かもしれません 하긴 ~일지도 모릅니다　成績を収める 성적을 내다

スポーツ大国 스포츠대국　すなわち 즉　健康を守る 건강을 지키다

～の持つ本来の意義 ~가 가지고 있는 본래의 의의　意義を見失う 의의를 잃다

핵심포인트 잡기　이 의견은 4개의 부분으로 구성되어 있다.

(1) 찬성인지 반대인지를 말한다.

　　여기서는 스포츠의 지원을 반대하는 의견이라고 받아들여지지 않도록 부분적으로 반대인 것을 명확히 나타내고 있다.

(2) 자기 의견과 반대인 의견의 타당성을 일부 인정한다.

　　'좋은 성적을 남기기 위한 지원' 의 장점을 언급하며 그 내용을 인정하고 있다. 두 개의 의견을 비교한 후 하나의 의견을 선택한 것을 나타내고 의견에 객관성을 가질 수 있게 했다.

(3) 자기의 의견의 근거를 말한다.

　　스포츠가 가진 의의에 대해 말하고 스포츠지원 방법에 대해서 생각을 나타내고 있다. 이 부분이 (1)의 근거가 되고 있다.

(4) 의견을 통합한다.

　　그냥「賛成だ／反対だ」라는 것을 반복해도 되지만, 자기 논점을 명확하게 해서 (여기서

는「スポーツの持つ本来の意義を見失わないために〜」), 마지막에 한 번 더 자기의 입장을 분명하게 하고 있다.

🎧(124)

問題2 現代はストレス社会と言われていますが、昔に比べてどうしてストレスが多くなったと考えられますか。ストレスをよく感じるようになった原因についてあなたの考えを述べてください。 현대는 스트레스 사회라고 합니다만, 옛날에 비해서 왜 스트레스가 많아졌다고 생각할 수 있습니까? 스트레스를 자주 느끼게 된 원인에 대해 당신 생각을 말해 보세요.

응답예

(1)現代人がストレスを感じやすくなったのは、自由さが関係していると思います。(2)ストレスと自由とは正反対の位置にあるようですが、私は自由が人を追い詰めることもあると考えています。(3)昔は、自分の生まれた町、出会う人、できる仕事などがある範囲内に収まっていて、その中で人は満足できていました。しかし今は、性別や年齢、国籍に関係なく自分の努力次第でどんな人生も作れる時代です。自由さとひきかえに人は自分の人生に責任を持たなければいけなくなりました。それがストレスに繋がっているんだと思います。

(1)현대인이 스트레스를 쉽게 느끼게 된 것은 자유로움과 관계가 있는 것 같습니다. (2)스트레스와 자유는 정반대의 위치에 있는 듯 하지만, 저는 자유가 사람을 압박하는 경우도 있다고 생각합니다. (3)옛날에는 자기가 태어난 동네, 만나는 사람, 할 수 있는 일 등이 어떤 범위 안에 갇혀 있어서 그 속에서 사람은 만족할 수 있었습니다. 그러나 지금은 성별이나 연령, 국적에 관계없이 자기의 노력여하에 따라 어떤 인생도 만들 수 있는 시대입니다. 자유와 맞바꿔 사람은 자기 인생에 책임을 져야만 하게 되었습니다. 그것이 스트레스로 이어진 것 같습니다.

어휘 〜が関係している ~와 관계가 있다   正反対 정반대   追い詰める 궁지에 몰아넣다
範囲内に収まる 범위 내에 들어가다   性別 성별   年齢 연령   国籍 국적   〜次第 ~여하
責任を持つ 책임을 지다   〜に繋がる ~에 이어지다, 관련되다

핵심포인트 잡기

(1) 원인에 대해 간결하게 말하고 있다.

원인이라고 생각한 것은 하나라도 두 개라도 좋지만, 깊이 있고 상세한 설명을 하기 위해서는 하나로 압축하는 것이 무난하다.

(2) 왜 그렇게 생각하는지 자기 생각을 말한다.

(1)만으로는 설명이 부족한 점을 자기 말로 이해하기 쉽게 말하고 있다.

(3) 자기 생각의 근거를 말한다.

근거로서 옛날과 지금의 사회상황을 설명하고 (2)를 더욱 이해하기 쉽게 해설하고 있다.

問題3 従来の携帯電話と比べて、スマートフォンの長所、または短所は何ですか。詳しく説明してください。

종래의 휴대전화에 비해서 스마트폰의 장점, 또는 단점은 무엇입니까? 상세하게 설명해 보세요.

응답예

(1)スマートフォンが従来の携帯と最も違う点は、自分なりにカスタマイズできるという点でしょう。自分が興味のあるアプリケーションを自由にダウンロードすることによって、自分だけの便利な携帯を作りだすことができます。それが最大の長所と言えるでしょう。(2)逆に短所は、パソコンとしての機能に比重を置きすぎて、肝心の通話の質が一般の携帯電話より低いという点です。(3)ただし、これらの長所と短所は、スマートフォンをパソコンとして使うか携帯として使うかによって、逆に短所にもなり長所にもなり得ると思います。

(1)스마트폰이 종래의 휴대전화와 가장 다른 점은 자기 나름대로 자기에 맞게 만들 수 있다는 점이겠죠. 자기가 흥미 있는 애플리케이션을 자유롭게 다운로드 함으로써 자기만의 편리한 휴대전화를 만들어 낼 수가 있습니다. 그것이 최대의 장점이라고 말할 수 있겠죠. (2)반대로 단점은, 컴퓨터로서의 기능에 너무 비중을 둔 나머지, 중요한 통화의 질이 일반휴대전화 보다 낮다는 점입니다. (3)다만, 이러한 장점과 단점은 스마트폰을 컴퓨터로서 사용하는가 휴대전화로서 사용하는가에 따라서 반대로 단점이 되기도 하고 장점이 될 수 있는 것 같습니다.

어휘 従来종래　自分なりに자기 나름대로　カスタマイズする기존의 상품에 손을 봐서 자기가 좋아하는 것으로 다시 만들다　アプリケーション애플리케이션　ダウンロードする다운로드하다

逆に반대로　比重を置く비중을 두다　肝心の중요한　〜になり得る~가 될 수 있다

핵심포인트 잡기

(1) 장점에 대해서 말한다.

(2) 단점에 대해서 말한다.

(3) 장점, 단점을 말한 시점에 대해서 언급한다.

　　장점, 단점은 반드시 밸런스를 생각해서 어느 한 쪽만으로 기울어지지 않도록 해야 한다. 여유가 있으면 (3)과 같이 장점 혹은 단점이라고 생각한 근거에 대해서 언급하면 의견으로서 통일성이 생긴다.

問題4 家庭で飼う動物は人間とどのような関係を築くべきでしょうか。理由を挙げながら
あなたの考えを話してください。

집에서 키우는 동물은 인간과 어떤 관계를 구축해야만 할까요? 이유를 들면서 당신 생각을 말해 보세요.

응답예

(1)私は動物は家族の一員ではあるけれども、人間とは違う扱いをするべきだと思います。(2)元々動物が飼われる場合、家の庭などで飼い、人間の生活スペースとは分けていました。それが現代の住宅事情により人間と空間を共有するようになり、核家族化や高齢化に伴って大切な家族の一員としての役割を担うことになったのです。(3)しかしこれはすべて人間側の事情であって、果たして動物も人間のように扱われることを望んでいるのでしょうか。(4)私は動物が持っている世界を壊さないで共存の道を探ることが基本であると思います。

(1)저는 동물은 가족의 일원이기는 하지만, 사람과는 다르게 대해야만 한다고 생각합니다. (2)원래 동물을 키울 경우, 집 마당 등에서 키우는 사람의 생활공간과 나누어져 있었습니다. 그것이 현대 주택사정에 따라 사람과 공간을 공유하게 되어 핵가족화와 고령화에 따라 소중한 가족의 일원으로서 역할을 지게 된 것입니다. (3)그러나 이것은 모두 사람 쪽의 사정이어서 과연 동물도 사람처럼 대하는 것을 바라고 있는 것일까요? (4)저는 동물이 가지고 있는 세계를 파괴하지 않고 공존의 길을 찾는 것이 기본인 것 같습니다.

어휘 〜扱いをする~대접을 하다   元々원래   〜場合~경우   〜ようになる~하게 되다
〜に伴って~에 따라서   役割を担う역할을 지다   果たして〜でしょうか과연 ~일까요?
道を探る길을 찾다

핵심포인트 잡기

(1) 자기의 입장을 정확하게 한 문장으로 나타낸다.

(2) 문제의 배경을 설명한다.

사회배경에 대해 설명함으로써 의견에 객관성을 부여하고 있다. 여기서는 '동물이 가족의 일원이 된 배경'에 대해 이야기하고, (3)이후에서 동물에게는 가족처럼 접해야 한다는 의견을 부정하기 위한 전제로 하고 있다.

(3) 현상에 의문을 제기한다.

반대의견에 대해 의문을 제기하여 간접적으로 부정하고 있다.

(4) 의견을 통합한다.

(1)과 표현이 반복되지 않도록 유의하면서 재차 자기 생각을 말한다.

〈제2회〉 

問題1.

（30秒）→ 発信音 → （50秒）　終わりです

問題2.

（30秒）→ 発信音 → （50秒）　終わりです

問題3.

（30秒）→ 発信音 → （50秒）　終わりです

問題4.

（30秒）→ 発信音 → （50秒）　終わりです

問題1 　将来仕事に生かす予定がないなら大学に進学する必要はなく、専門学校などで仕事に必要な技術を学ぶべきだという考えにあなたは同意しますか。理由を挙げながら詳しく話してください。 장래에 업무에 활용할 예정이 없다면 대학에 진학할 필요는 없고, 전문학교 등에서 업무에 필요한 기술을 배워야 한다는 생각에 당신은 동의합니까? 이유를 들면서 상세하게 말해 보세요.

응답예

(1)私はこの考えに同意しません。(2)一般的に、学生時代の勉強は社会生活を送る上で何の役にも立たない無駄な勉強であるとよく言われていて、仕事に直結することがほとんどないのも事実です。(3)しかし今の時代、大学は社会人になるための人間的な基礎力を身につける場として機能しているのではないかと私は考えます。ある学問を追及するということも、その内容よりは一つのことに取り組むということ自体に意味があるのです。(4)したがって、私は将来の仕事に関わりなく大学に進学することには一定の意義があると考えます。

(1)저는 이 생각에 동의하지 않습니다. (2)일반적으로 학창시절의 공부는 사회생활을 하는데 아무런 도움이 안 되는 헛된 공부라고들 하고, 업무에 직결된 것은 거의 없다는 것도 사실입니다. (3)그러나 지금의 대학은 사회인이 되기 위해 인간적으로 기초적인 힘을 익히는 장소로서 기능하고 있는 것이 아닐까 하고 저는 생각합니다. 어떤 학문을 추구한다는 것도, 그 내용 보다는 한가지 일에 매진한다는 것 자체에 의미가 있습니다 .(4)따라서 저는 장래의 일과 관계 없이 대학에 진학하는 것에는 어느 정도 의의가 있다고 생각합니다.

어휘 一般的に 일반적으로　学生時代 학창시절　社会生活 사회생활

〜とよく言われている ~라고 자주 듣는다　〜のも事実だ ~것도 사실이다　今の時代 지금 시대

〜場として機能している ~장으로서 기능하고 있다　〜に取り組む ~에 몰두하다

したがって 따라서　〜に関わりなく ~에 관계 없이　一定の意義がある 어느 정도 의의가 있다

핵심포인트 잡기

(1) 찬성인지 반대인지를 말한다.

　　50초 안에 말을 정리해야 하니까 자기 입장을 한마디로 간결하게 나타내고 있다.

(2) 현재의 상황에 대해 설명한다.

　　일반적인 사람들의 생각과 자기의 생각을 (3)에서 차별화하기 위해서 여기서는 이 주제에 대해 세상의 반응과 실제 상황에 대해 설명하고 있다.

(3) 자기 의견의 근거를 말한다.

　　대학이 가진 의미를 자기 나름대로 다시 정의하고 있다. 게다가 '학문에는 그 내용이상의 의미가 있다' 라는 것을 명확히 해서 그것을 의견의 근거로 삼고 있다.

(4) 의견을 통합한다.

　　「賛成か、反対か」는 이미 (1)에서 말했기 때문에 여기서는 '대학진학에는 의미가 있다' 라는 것을 한 번 더 말해서 간접적으로 질문의 의견에는 반대인 것을 나타내고 있다.

問題2 若い世代を中心に政治に関心がなくなってきていますが、その原因は何だと思いますか。また、若者に政治への関心を促すためにどのような方策が考えられますか。

젊은 세대를 중심으로 정치에 관심이 없어지고 있습니다만, 그 원인은 무엇이라고 생각합니까? 또한 젊은이에게 정치에 관심을 촉구하기 위해 어떤 방책을 생각할 수 있습니까?

응답예

(1)政治に関心があるかどうかは投票率が一つの指標だと思いますが、若者の投票率が低いのは、今の政治家たちが高齢者をターゲットに政策を考えているからではないかと思います。(2)政治家は得票率を上げるため、人口が多くて元々政治に関心の高い世代である高齢者向けの制度に力を入れる傾向があります。そのような政策に若者が興味を持つはずがありません。(3)この状況を改善するためには、政治家が若年層向けの政策を積極的に打ち出していくことが不可欠だと思います。

(1)정치에 관심이 있는지 없는지는 투표율이 하나의 지표입니다만, 젊은이의 투표율이 낮은 것은 지금의 정치가들이 고령자를 타켓으로 정책을 생각하고 있기 때문이 아닌가 싶습니다. (2)정치가는 득표율을 올리기 위해 인구가 많고 원래 정치에 관심이 높은 세대인 고령자대상의 제도에 힘을 기울이는 경향이 있습니다. 그러한 정책에 젊은이가 흥미를 가질 리가 없습니다. (3)이 상황을 개선하기 위해서는 정치가가 젊은층 대상의 정책을 적극적으로 명확히 내세우는 것이 불가결할 것 같습니다.

어휘 ～があるかどうか~가 있는지 없는지　投票率투표율　指標지표

～をターゲットにする~을 타켓으로 하다　　～向け~대상　　～に力を入れる~에 힘을 기울이다

～傾向がある~경향이 있다　　～はずがない~일 리가 없다　改善する개선하다

若者/若年層젊은이/젊은층　政策を打ち出す정책을 명확히 내세우다　不可欠だ불가결하다

핵심포인트 잡기

(1) 원인에 대해 자기 생각을 말한다.

(2) 자기 의견의 근거를 명확히 한다.

　　(1)에서 말한 자기의견에 대해 사실을 근거로 해서 뒷받침하고 있다.

(3) 해결책을 제시한다.

　　「原因(원인)」이라는 것은「理由(이유)」와 달리 무언가 나쁜 일에 대해서 사용하는 것이다. 그 때문에 이 타입의 문제에서는 「悪い状況を改善するにはどうしたらよいか(나쁜 상황을 개선하기 위해 어떻게 하면 좋은가?)」라는 해결책을 제시하는 것을 요구하는 경우도 있다. 이 경우는 짧아도 되니까 반드시 해결책에 대해서도 언급하는 것이 중요하다.

問題3　同じストーリーを本で表現することと映画で表現することは、どのような点が違いますか。詳しく説明してください。

같은 스토리를 책으로 표현하는 것과 영화로 표현하는 것은 어떤 점이 다릅니까? 상세하게 설명해 보세요.

응답예　(1)本と映画の最大の違いは、受け手の積極性が異なるところではないかと思います。(2)本を読むということは、映像がない状態で活字だけを読み、それを頭の中で映像化するというとても能動的な作業です。それと同時に、自分なりの登場人物や背景を想像しながら読むことができます。(3)一方で映画を見るということは、すでに出来上がっているストーリーを受け取って見るという受動的な作業です。視覚と聴覚に訴えてくるので理解もしやすく、インパクトも強いという特徴があります。

(1)책과 영화의 최대의 차이는 수취인의 적극성이 다르다는 점이 아닐까 합니다. (2)책을 읽는다는 것은 영상이 없는 상태로 활자만을 읽고 그것을 머리 속에서 영상화하는 아주 능동적인 작업입니다.그와 동시에 등장인물과 배경을 자기 나름대로 상상하면서 읽을 수 있습니다. (3)한 편 영화를 본다는 것은 이미 완성된 스토리를 받아서 본다는 수동적인 작업입니다. 시각과 청각에 호소하기 때문에 이해하기 쉽고 임팩트도 강하다는 특징이 있습니다.

어휘　最大の違い최대의 차이　受け手수취인　異なる다르다　まず〜だし우선 ~이고
映像化する영상화하다　能動的だ능동적이다　登場人物등장인물　すでに이미
受け取る받다, 수취하다　視覚に訴える시각에 호소하다　特徴특징

핵심포인트 잡기　(1) 차이에 대해서 한 마디로 설명한다.

상세하게 설명하기 위해서는 몇 개의 차이를 드는 것 보다 크게 다른 점을 하나 드는 편이 시간을 효과적으로 사용할 수 있다.

(2) A에 대해서 설명한다.

(3) A에 대비한 B에 대해 설명한다.

A와 B를 비교할 때는 A에 대해 설명한 후「一方Bでは(한편 B에서는)」「それと比較するとBは(그것과 비교하면 B는)」와 같이 대비되고 있는 것을 강조하는 것이 좋다.

問題4 韓国の芸能文化、いわゆる「韓流」は今や世界中に広まっています。あなたは韓流はいい現象だと考えていますか。また、韓流は今後どのように発展していくべきでしょうか。詳しく話してください。

한국의 예능문화, 이른바 '한류'는 지금은 전세계로 퍼지고 있습니다. 당신은 한류는 좋은 현상이라고 생각합니까? 그리고 한류는 앞으로 어떻게 발전해 가야 할까요? 상세하게 말해 보세요.

응답예

(1)私は韓流には2つの問題点が含まれていると考えます。(2)まず、芸能分野を輸出産業として扱っている姿が海外の国の目にはあまりよく映っていないという点です。実際、日本では韓国内で人気もないアイドルまで次々にデビューしたことが、インターネットを中心に批判を受けました。また、歌やドラマなどのジャンルに限られていることも、偏った韓国の印象を与えてしまう恐れがあると思います。(3)今後は食文化や服飾など、別のジャンルも取り入れて複合的に韓国をアピールしていくように変わるべきだと思います。

(1)저는 한류에는 두 개의 문제점이 포함되어 있다고 생각합니다. (2)먼저, 연예분야를 수출산업으로 취급하고 있는 모습이 해외의 나라들의 눈에는 그다지 좋게 비춰지지 않는다는 점입니다. 실제로 일본에서는 한국 내에서 인기도 없는 아이돌까지 연달아 데뷔시킨 일이 인터넷을 중심으로 비판을 받았습니다. 또한 노래랑 드라마 등의 장르에 한정되어 있는 것도 일방적인 한국의 인상을 줄 우려가 있는 것 같습니다. (3)앞으로는 식문화와 복식 등 다른 장르도 도입하여 복합적인 한국을 어필해 가도록 변해야 할 것 같습니다.

어휘 ~には問題点が含まれている~에는 문제점이 포함되어 있다 ~として扱う~로서 취급하다

目に映る눈에 비치다, 보이다 次々に연달아, 잇달아 ~に限られている~에 한정되어 있다

偏った일방적인 印象を与える인상을 주다 恐れがある우려가 있다 ~を取り入れる~을 도입하다

アピールする어필하다

핵심포인트 잡기

(1) 자기의 입장을 명확히 한다.

질문은 '좋다고 생각하는지 나쁘다고 생각하는지' 이므로 그것을 알 수 있도록 표현해야 한다. 여기서는 '문제점이 있다' 라고 말함으로써 좋지 않게 생각한다는 것을 나타내고 있다.

(2) 문제점에 대해서 상세하게 설명한다.

문제점이 복수인 경우에는 그 분량이 한 쪽으로 치우치지 않도록 주의해야 한다. 그리고 (3)의 내용은 반드시 들어가야 하므로 이야기하는 분량이 너무 길어지지 않도록 유의한다.

(3) 앞으로의 전망을 말한다.

(2)에서 말한 문제점을 개선하는 형태로 전망을 말하면 된다.

MEMO

〈제3회〉

問題 1 .

    💡（30秒）→ 発信音 → 🎙（50秒）　終わりです

問題 2 .

    💡（30秒）→ 発信音 → 🎙（50秒）　終わりです

問題 3 .

    💡（30秒）→ 発信音 → 🎙（50秒）　終わりです

問題 4 .

    💡（30秒）→ 発信音 → 🎙（50秒）　終わりです

問題1 最近、喫煙が全面禁止されている施設などが増え、公共の場所でたばこを吸うことが難しくなってきていますが、それに対してたばこを吸うことは個人の自由だという「喫煙権」を主張する人々がいます。あなたはこの主張に同意しますか、反対しますか。理由を挙げながら詳しく話してください。

최근에 흡연이 전면 금지되어 있는 시설 등이 증가해, 공공의 장소에서 담배를 피우는 것이 어려워졌습니다만, 거기에 대해 담배를 피는 것은 개인 자유라고 하는 '흡연권'을 주장하는 사람들이 있습니다. 당신은 이 주장에 동의합니까? 반대합니까? 이유를 들면서 상세하게 말해 주세요.

응답예 (1)私は「喫煙権」は認められるべきだと思います。(2)なぜなら、現在の法律では、たばこを売り買いすることが禁止されていないのだから、それを楽しむ権利だけが奪われるというのはおかしいと思うからです。(3)昔と比べて現在は、たばこは体に悪い、悪の根源であるような扱いがされていますが、それは感情的な話であって、根絶したいならまず販売を禁止する法律を作るべきです。(4)喫煙のマナーを守るのは社会のルールとして当然ですが、たばこが市場に売られている以上、それを吸う自由も同時に認められていいはずだと思います。

(1)저는 '흡연권'은 인정되어야만 한다고 생각합니다. (2)왜냐하면 현재의 법률에서는 담배를 사고 파는 것이 금지되어 있는 것이 아니므로 그것을 즐길 권리만이 빼앗긴다는 것은 공정하지 않기 때문입니다. (3)옛날에 비해서 지금은 담배는 몸에 나쁘고, 악의 근원인 듯이 취급당하고 있지만 그것은 감정적인 말이고, 근절하고 싶다면 우선 판매를 금지할 법률을 만들어야 합니다. (4)흡연매너를 지키는 것은 사회의 규칙으로서 당연하지만, 담배가 시장에 팔리고 있는 이상 그것을 필 자유도 동시에 인정받아야 될 것 같습니다.

어휘 認められる 인정되다　なぜなら〜からだ 왜냐하면 ~때문이다　売り買いする 매매하다
禁止される 금지하다　奪われる 빼앗기다　悪の根源 악의 근원
〜ような扱いをされる ~같은 취급을 당하다　まず〜べきだ 우선 ~해야만 한다
〜は当然だ ~는 당연하다　〜ている以上 ~한 이상　〜ていいはずだ ~해도 될 것이다

핵심포인트 잡기 (1) 찬성인지 반대인지를 말한다.

(2) 자기의견의 근거를 말한다.

여기서는 제1회, 제2회 문제와 달리 바로 자기의 근거를 말하고 있다. 현재의 법률에 비추어 말함으로써 자기가 담배를 좋아하는지 싫어하는지라는 주관적인 입장에서 떨어져서 말할 수 있는 것이다.

(3) 자기 의견과 반대인 의견이 가지는 모순점을 지적한다.

(2)에서 말한 근거를 더욱 강하게 하기 위해 자기의 반대 입장(여기서는 담배를 싫어하는 사람들)의 의견에 근거가 없다는 것을 지적하고 자기의 정당성을 더 강하게 하고 있다.

(4) 의견을 통합한다.

問題2 結婚の平均年齢が年々上昇していますが、この原因についてあなたの考えを詳しく述べてください。 결혼 평균연령이 매년 상승하고 있지만, 이 원인에 대해서 당신 생각을 상세하게 말해 보세요.

응답예

(1)結婚の平均年齢が上昇している原因は、男女ではその事情が異なるのではないかと思います。(2)男性の側では、終身雇用制度が機能していた昔と違って、今は給料はもちろん職場に通い続けられるかどうかも確信できない時代で、家族を養うという覚悟がなかなか決められないという背景があると思います。女性の側では、昔より女性が自由に振舞えるようになったため、結婚に縛られずに自由を楽しみたいという人々が増えたのではないでしょうか。(3)このように社会的な変化が平均初婚年齢の上昇に関係していると思います。

(1)결혼 평균연령이 상승하고 있는 원인은 남녀에서는 그 사정이 다른게 아닌가 합니다. (2)남자 쪽에서는 종신고용제도가 기능했던 옛날과 달리 지금은 월급은 물론 직장에 계속 다닐 수 있을지 어떨지도 확신할 수 없는 시대로, 가족을 부양한다는 각오를 좀처럼 굳힐 수 없는 배경이 있는 것 같습니다. 여자 쪽에서는 옛날보다 여자가 자유롭게 활동할 수 있게 되었기 때문에 결혼에 구속받지 않고 자유를 즐기고 싶다는 사람들이 증가한 것이 아닐까요? (3)이렇게 사회적 변화가 평균 초혼연령의 상승과 관계가 있는 것 같습니다.

어휘 平均年齢が上昇する 평균연령이 상승하다　事情が異なる 사정이 다르다　～の側では ~쪽에서는
終身雇用制度 종신고용제도　家族を養う 가족을 부양하다　覚悟を決める 각오를 굳히다
～という背景がある ~라는 배경이 있다　振舞う 행동하다

핵심포인트 잡기 (1) 원인이 복수인 것을 나타낸다.

이와 같이 원인이 복수인 경우는 처음에 그것을 말해두면 후반까지 듣기 수월해진다.

(2) 원인에 대해서 하나씩 설명한다.

여기서는 남녀 둘 다 '옛날과의 비교'에서 원인을 찾고 있다.

(3) 의견을 통합한다.

(2)에서 끝내버리면 남녀가 전혀 다른 원인을 들고 있는 듯이 들린다. 마지막에 공통항목을 드는 것으로 의견전체에 통일성을 가지게 할 수 있다.

問題3 大家族と核家族はどんな点が違いますか。家族構成が子供の成長に与える影響という点から、2つを比較してください。

대가족과 핵가족은 어떤 점이 다릅니까? 가족구성이 아이 성장에 미치는 영향이라는 점에서 두 개를 비교해 보세요.

응답예

(1)家族構成が子供の成長に与える影響は大きいと思います。(2)大家族は様々な世代で構成されていますから、小さい頃は自分は家族の中で一番下だということを意識し、自然に親子間や兄弟間の上下関係が学べると思います。また祖父母と一緒に住むことで、親以外の世代の暮らしを肌で感じることができます。(3)それと比較すると、核家族では子供一人一人が家族を動かす中心人物であるという自覚を小さいうちから持つことができ、人数が多い大家族よりも親密な親子関係を築けると思います。

(1)가족구성이 아이의 성장에 미치는 영향은 큰 것 같습니다. (2)대가족은 여러 세대로 구성되어 있으므로 어릴 때는 자기는 가족 중에서 가장 아래라는 것을 의식하고 자연스럽게 부모자식간과 형제간의 상하관계를 배울 수 있습니다. 그리고 조부모와 함께 사는 것으로 부모 이외의 세대의 생활을 피부로 느낄 수 있습니다. (3)그에 비해 핵가족은 아이 한 사람 한 사람이 가족을 움직이는 중심인물이라는 것을 어릴 때부터 자각할 수 있고, 가족이 많은 대가족 보다도 친밀한 부모자식 관계를 구축할 수 있는 것 같습니다.

어휘 様々な 여러가지　～で構成される ~로 구성되다　～間 ~사이　上下関係 상하관계
肌で感じる 피부로 느끼다　それと比較すると 그것과 비교하면　自覚を持つ 자각을 하다
親密な関係を築く 친밀한 관계를 구축하다

핵심포인트 잡기

(1) 테마를 제시한다.

이 문제에서는 단순히 대가족과 핵가족을 비교하는 것이 아니라 '아이의 성장에 미치는 영향' 에 관련된 비교를 해야 하는 것이 포인트이다. 처음에 그 점을 포함한 테마를 제시함으로써 (2)이후의 설명이 알아 듣기 쉬워진다.

(2) 한 쪽의 특징을 든다.

(3) 다른 한 쪽의 특징을 든다.

이 응답예에서는 양쪽의 다른 부분에 대해서 직접 말하는 것이 아니라 각각의 특징을 상세하게 말해서 양쪽을 간접적으로 비교하고 있다. 이 때 장점과 단점이 혼재되어 있으면 좋은 면에서의 비교인지 나쁜 면에서의 비교인지 알 수 없게 되므로 어느 한 쪽으로 한정하면 응답이 확실해진다.

問題4 現代は男女平等な社会だと思いますか。あなたの考えを詳しく述べてください。

현대는 남녀평등사회라고 생각합니까? 당신의 생각을 상세하게 말해 보세요.

응답예

(1)男女が同じ役割をするという意味では今でも平等な社会とは言えないと思いますが、私は男女が全く同じ役割を担うことが平等であることだとは思っていません。(2)自分が生きたいように生きられるようになったという点では、男女の差はなくなったと思います。(3)実際、女性が男性の多く就く職種を選ぶことも、反対に男性が女性の多く就く職種を選ぶことも可能になっているし、家庭での役割は男性による専業主夫が増えるなど多様性を増しています。(4)男性または女性だけが権利を持っているという意味での不平等は今はなくなっていると思います。

(1)남녀가 같은 역할을 한다는 의미로는 지금도 평등한 사회라고 말할 수 없을 것 같습니다만, 저는 남녀가 완전히 같은 역할을 떠맡는 것이 평등하다고는 보지는 않습니다. (2)자기가 살고 싶은 대로 살 수 있게 된 점에서는 남녀의 차이는 없어진 것 같습니다. (3)실제로 여자가, 남자가 주로 하는 직종을 선택하는 것도, 반대로 남자가, 여자가 주로 하는 직종을 선택하는 것도 가능해지고 가정에서의 역할은 남자가 전업주부가 되는 것도 증가하는 등 다양성이 많아지고 있습니다. (4)남자 또는 여자만이 권리를 가진다는 의미에서의 불평등은 지금은 없어진 것 같습니다.

어휘 ～という意味では~라는 의미로는 役割を担う역할을 떠맡다 仕事に就く취업하다
多様性を増す다양성이 많아지다

핵심포인트 잡기

(1) 질문의 의미를 자기 나름대로 해석한다.
「男女平等(남녀평등)」라는 말의 의미를 엄밀하게 하기 위해서 자기 나름의 말을 정의하고 있다. 이와 같이 질문용어가 여러 가지 해석이 가능한 경우나 넓은 의미를 가진 말인 경우에는 자기의견을 말하기 전에 말의 의미를 명확히 하면 주장의 초점이 좁혀지므로 좋다.

(2) 자기의 의견을 말한다.
자기가 생각하는 「男女平等(남녀평등)」라는 정의아래 의견을 명확하게 말하고 있다.

(3) 의견의 근거를 말한다.
여기서는 예를 늘면서 자기의견의 타당성을 뒷받침하고 있다.

(4) 의견을 통합한다.

MEMO

〈제4회〉

3단계
제5부
제5부
(part2)
제6부
제7부

問題1.

💡（30秒）→ 発信音 → 🎙（50秒）　終わりです

問題2.

💡（30秒）→ 発信音 → 🎙（50秒）　終わりです

問題3.

💡（30秒）→ 発信音 → 🎙（50秒）　終わりです

問題4.

💡（30秒）→ 発信音 → 🎙（50秒）　終わりです

問題1 少子化が進んで年金の支払額が将来少なくなるという予測がある中、子供がいない人は年金の支払い手を産んでいないという点で社会に貢献していないので、子供がいる人より税金を多く払うべきだという意見があります。あなたはこの意見に賛成ですか、反対ですか。理由を挙げながら詳しく話してください。

저출산이 가속화되어 연금 지급액이 장래에 적어질 것이라는 예측이 있는 가운데, 아이가 없는 사람은 연금을 지급할 노동력을 낳지 않았다는 점에서 사회에 공헌하지 않았기 때문에 자식이 있는 사람 보다 세금을 많이 내야 된다는 의견이 있습니다. 당신은 이 의견에 찬성입니까? 반대입니까? 이유를 들면서 상세하게 말해 보세요.

응답예

(1)私はこの意見に反対します。(2)なぜなら、子供がいない人は年金とは別の面で社会貢献しているからです。(3)例えば、子供がいない人は子供がいる人と同じように子育てに関係する施設、例えば児童館や保育園などを作るための税金も払っています。児童手当や出産一時金なども、子供のあるなしに関わらず国民全員で負担して、結果、子供のいる家庭だけが恩恵を受けるのです。これもある意味不公平と言えるのではないでしょうか。(4)したがって私は、年金という一つの枠内で立場の公平、不公平を論じることは間違っていると考えます。

(1)저는 이 의견에 반대입니다. (2)왜냐하면 아이가 없는 사람은 연금과는 다른 면에서 사회공헌을 하고 있기 때문입니다. (3)예를 들면 아이가 없는 사람은 아이가 있는 사람과 마찬가지로 육아에 관계된 시설, 예를 들면 아동관이나 보육원 등을 만들기 위한 세금도 내고 있습니다. 아동수당이나 출산 일시금 등도 아이가 있건 없건 상관없이 국민전원이 부담해서 그 결과 아이가 있는 가정만 혜택을 받고 있는 것입니다. 이것도 어떤 의미에서 불공평하다고 말할 수 있는 것이 아닐까요? (4)따라서 저는 연금이라는 하나의 틀 안에서 입장의 공평, 불공평을 논하는 것은 옳지 않다고 생각합니다.

어휘 社会貢献する 사회공헌하다 手当 수당 ～のあるなしに関わらず ~가 있건 없건 상관없이
恩恵を受ける 혜택을 받다 ～と言えるのではないか ~라고 말할 수 있는 것은 아닐까?
～を論じる ~을 논하다

핵심포인트 잡기 (1) 찬성인지 반대인지를 말한다.

(2) 자기 의견의 근거를 말한다.

여기서는 간결하게 이유를 말하면서 (3)이후의 내용(연금과는 다른 면에 대해서)을 제시하고 있다.

(3) 근거를 설명하기 위해 예를 든다.

(2)에서 말한 '연금과는 다른 면'에 대해 구체적인 사실을 드는 것이 근거의 뒷받침이 되었다.

(4) 의견을 통합한다.

問題2　あなたが今まで見た映画の中で一番おもしろいと感じたもののストーリーを詳しく話してください。 당신이 지금까지 본 영화 중에서 가장 재미있다고 느낀 것의 스토리를 상세하게 말해 보세요.

응답예　それでは、『今会いにいきます』という映画のストーリーについて話します。初恋の相手同士が結婚して幸せそのものの生活を送っていたとき、妻が若くして死んでしまいます。ただ彼女は結婚する前に事故に遭っていて、そのとき魂が何らかの形で時間と空間を移動して自分の死後の世界を見てしまいます。そこで出会った未来の夫と息子を彼女はとても愛するようになって、結婚前に魂が戻った後でも、未来に死ぬことがわかっていながら同じ相手と結婚することを決意します。運命に立ち向かう彼女の姿がとても印象的な作品でした。

그럼 『今会いにいきます(지금 만나러 갑니다)』라는 영화스토리에 대해 말하겠습니다. 서로 첫사랑인 사람들이 결혼해서 아주 행복한 생활을 보내고 있었을 때 아내가 요절을 하고 맙니다. 다만 그녀는 결혼하기 전에 사고를 당해서 그 때 영혼이 어떠한 형상으로 시간과 공간을 이동해서 자기의 사후의 세계를 보게 됩니다. 그녀는 거기서 만난 미래의 남편과 아들을 매우 사랑하게 되어 결혼 전에 영혼이 돌아온 후에도 미래에 죽을 것을 알면서도 같은 상대와 결혼할 것을 결의합니다. 운명에 맞선 그녀의 모습이 인상적인 작품이었습니다.

어휘　初恋첫사랑　幸せそのもの행복 그 자체　事故に遭う사고를 당하다　魂영혼
　　　何らかの形で어떠한 형상으로　立ち向かう정면으로 맞서다　姿모습　印象的だ인상적이다

핵심포인트 잡기　가능한 한 상세하게 말할 수 있도록 스토리 이외의 정보는 생략하는 것이 좋다. 스토리를 알기 쉽게 설명하기 위해서는 중요등장인물을 한 사람 정해서 그 사람의 행동이나 마음을 중심으로 이야기를 해 나가면 줄거리에서 벗어나지 않고 이해하기 쉽게 알아 들을 수 있다. 마지막에 여유가 있으면 왜 그 작품이 좋다고 생각하는지 간단하게 덧붙이면 정리된 느낌이 들어 좋다.

🎧(140)

問題3　よい指導者の資質とは何だと思いますか。あなたの考えを述べてください。
좋은 지도자의 자질이란 무엇이라고 생각합니까? 당신 생각을 말해 보세요.

응답예　(1)よい指導者の資質として一番重要なことは、学習者の長所と短所をよく把握する力だと思います。(2)スポーツにしろ勉強にしろ、本人の持っている能力を引き出すためには、その人に合った指導法があるはずで、それをいち早く見つけてあげることが指導者に最も求められることだと思います。(3)いくらカリスマ性があって学習者を引きつける力があったとしても、それが本当に学習者の身になっているかどうかはわかりません。(4)学習者の実力を確実に伸ばすためには、個人個人に合った方法を探すことができる指

導者が必要だと思います。

(1)좋은 지도자의 자질로서 가장 중요한 것은 학습자의 장점과 단점을 잘 파악하는 힘인 것 같습니다. (2)스포츠도 공부도 본인이 가진 능력을 끌어내기 위해서는 그 사람에게 맞는 지도법이 있을 것이고, 그것을 재빨리 찾아주는 것이 지도자에게 가장 요구되는 것입니다. (3)아무리 카리스마성이 있어 학습자를 끄는 힘이 있다고 하더라도 그것이 정말로 학습자에게 도움이 된 것인지 어떤지 알 수 없습니다. (4)학습자의 실력을 확실하게 신장시키기 위해서는 개개인에게 맞는 방법을 찾을 수 있는 지도자가 필요한 것 같습니다.

어휘 把握する 파악하다　～にしろ～にしろ ~도 ~도　いち早く 재빨리　最も 가장

いくら～としても 아무리 ~해도　身になる 도움이 되다

핵심포인트 잡기

(1) 자기의 생각을 한 마디로 말한다.

제1회~제3회의 문제와 마찬가지로 될 수 있으면 하나의 특징 또는 차이에 착안해서 깊이 있게 말하는 것이 50초를 유효하게 사용할 수 있는 요령이다.

(2) 의견의 근거를 제시한다.

(3) 자기와는 다른 의견에 의문을 제기한다.

일반적으로 자주 듣는 의견에 대해 예를 들어서, 그 의견에 대한 반론을 말함으로써 자기 의견을 더욱 강하게 하고 있다.

(4) 의견을 통합한다.

(1)과 같은 내용을 말하지만 표현을 바꿔야 한다.

問題4　現在、英語教育が盛んに行われ、小学生でも学校で必修授業となっています。あなたは英語はできるだけ早く習った方がいいと考えますか。あなたの考えを詳しく述べてください。 현재 영어교육이 활발하게 행해지고 있어, 초등학생이라도 학교에서 필수수업이 되었습니다. 당신은 영어는 가능한 한 어릴 때 배우는 것이 좋다고 생각합니까? 당신 생각을 상세하게 말해 보세요.

응답예　(1)私は英語の早期教育に反対です。(2)早い方がいいという理由は、正確な発音を身に付けるためというのが一般的に言われていることです。しかし、英語を学ぶ目的は何でしょうか。今の教育は正確な文法やきれいな発音自体が目標になってしまい、何を話すかという中身には重点が置かれていません。(3)言葉というのはコミュニケーションのツールに過ぎません。内容を重視した教育を行うには、ある程度学習者の認知能力が必要なので、中学生くらいから集中的に学んだ方が費用面でも時間面でも効率が良いと考えます。

(1)저는 영어 조기교육에 반대입니다. (2)어릴수록 좋은 이유는, 정확한 발음을 익히기 위해서라고 일반적으로 말을 합니다. 그러나 영어를 배우는 목적은 무엇일까요? 지금 교육은 정확한 문법과 깨끗한 발음 자체가 목표가 되어버려 무엇을 말해야하는가에 대한 내용에는 중점을 두지 않습니다. (3)말이라는 것은 커뮤니케이션을 위한 도구에 불과합니다. 내용을 중시한 교육을 하기 위해서는 어느 정도 학습자의 인지능력이 필요하기 때문에 중학생정도부터 집중적으로 배우는 것이 비용면에서도 시간면에서도 효율적이라고 생각합니다.

어휘 早期教育조기교육　なぜ〜かというと왜~인가하면　しかし〜でしょうか그러나~일까요
重点を置く중점을 두다　〜に過ぎない~에 지나지 않다　ある程度어느 정도　〜面で~면에서
効率が良い효율이 좋다

핵심포인트 잡기

(1) 자기 의견을 한 마디로 나타낸다.

(2) 반대 의견의 문제점을 명확하게 한다.

(3) 의견에 관한 근거와 자기 생각을 구체적으로 말한다.

(2)의 반대 의견의 문제점과 (3)의 자기 생각은 순서가 반대라도 되지만 여기서는 일반적인 생각의 문제점을 확실하게 한 후 자기 생각에 근거한 대안을 제시하고 있다.

 어휘 · 문법 포인트

■ 격식을 차린 장면에 어울리는 표현

SJPT는 말하는 시험이긴 하나 제5부와 같이 의견을 말하는 경우에는 격식있는 표현이 어울린다.

「제5부 · part2」의 응답예에서는 다음과 같은 표현을 사용했다(괄호 안은 허물없는 표현).

[어휘]

すなわち즉／つまり 요컨대 （ということは）	従来 종래 （今まで）	一般的に 일반적으로 （ふつう）
したがって 따라서 （だから）	不可欠だ 불가결이다 （絶対、必要だ）	異なる 다르다 （違う）
既に 이미 （もう）	最も 가장 （一番）	次々に 연달아 （どんどん）
様々な 여러 가지 （いろいろな）	多様性を増す 다양성이 많아진다 （色々な～が増える）	いち早く 재빨리 （ほかより早く）

[문법]

～に関わりなく ～에 관계없이 （～と関係なく）	～のあるなしに関わらず ～가 있던 없던 관계없이 （～があるかないかとは関係なく）
～傾向がある 경향이 있다 （～しやすい）	～はずがない ～리가 없다 （～ないと思う）
～の恐れがある ～의 우려가 있다 （～かもしれない）	～に伴って ～와 함께 （～と同時に、～と一緒に）
なぜなら 왜냐하면～ （なぜ～かというと／どうしてかというと）	果たして～でしょうか 과연～일까요? （本当に～でしょうか）
～に繋がる ～에 이어지다 （～になる）	～に限られている ～에 한정되어 있다 （～だけだ）
～に過ぎない ～에 불과하다 （ただ～だけだ）	

상급학습자의 응답예

問題1　将来仕事に生かす予定がないなら大学に進学する必要はなく、専門学校などで仕事に必要な技術を学ぶべきだという考えにあなたは同意しますか。理由を挙げながら詳しく話してください。　장래에 일에 활용할 예정이 없다면 대학에 진학할 필요는 없고 전문학교 등에서 일에 필요한 기술을 배워야 한다는 생각에 당신은 동의합니까? 이유를 들면서 상세하게 말해 보세요.

응답예

(1)今持っている実力が仕事に生かせるなら進学はしなくてもいいと思います。(2)でもその実力を証明するための資格とか学位とかは、やはり大学などに行かずには取れないものだと思います。そのため、4年の大学とは別に専門的な、専門大学、短大などの実際の能力を上げることができる、そして資格をとることができるところに通う、そのようなシステムが必要だと思います。

지금 가지고 있는 실력을 일에 살릴 수 있다면 진학은 하지 않아도 좋다고 생각합니다. 하지만 그 실력을 증명하기 위한 자격이라던가 학위는 역시 대학 등에서 가지 않고서는 얻을수 없는 것이라고 생각합니다. 그렇기 때문에 4년의 대학과는 별개로 전문적인, 전문대학, 단기대학 등 실제능력을 올릴 수 있는, 그리고 자격을 딸 수 있는 곳에 다니는 그런 시스템이 필요하다고 생각합니다.

저자 해설

• (1)에서는 '대학에 갈 필요는 없다' (2)에서는 '대학에 갈 필요가 있다'라는 내용을 말하고 있기 때문에 결국 어느 쪽 의견인지 애매해졌습니다. 이 두 가지의 정반대 의견이 공존하는 것이 현재의 상황이라는 이야기를 하기 위해서는, 단지 의견을 말하는 것 뿐 아니라 (1)과 (2)의 관계를 설명하는 단어, 그리고 그 후에 말할 해결책으로 이어지는 단어가 필요합니다.

→ 本来、仕事に生かせるだけの実力が既にあるなら進学はしなくてもいいと思います。ただ、現在は仕事に必要な能力を証明する資格や学位は、大学に行かずには取れないものが多いです。そこで、今後は資格を取ることが目的の大学と学問を追求する大学、というように大学の種類を分けていく必要があると思います。

본래, 일에 살릴 수 있을만큼의 실력이 이미 있다면 진학은 하지 않아도 좋다고 생각합니다. 단, 현재는 일에 필요한 능력을 증명할 수 있는 자격이나 학위는 대학에 가지 않고서는 딸 수 없는 것이 많습니다. 그래서 앞으로는 자격을 따는 것이 목적인 대학이나 학문을 추구하는 대학과 같이 대학의 종류를 나누어 갈 필요가 있다고 생각합니다.

• 문제에서는 '해결책에 대해 말하자'라는 지시가 없습니다. 시간에 여유가 있다면 이 응답예처럼 넣어도 되지만, 우선은 '동의하는지 아닌지'와 '그 이유'를 중심으로 확실하게 이야기할 수 있도록 합시다.

응답예

最近見た映画に日本の『告白』という映画がありますが、(1)自分の子を死なせた、自分が教えている学生たちに復讐する話です。少し残酷で悲しい話ですが、(2)いろんな面でいじめや子供のわがまま、そして非行とかを話しているので、最近の社会問題についてとても思えるようになりました。

최근에 본 영화에 일본의 '고백'이라는 영화가 있습니다만, (1)자신의 아이를 죽게한 자신이 가르치고 있는 학생들에게 복수하는 이야기입니다. 조금 잔혹하고 슬픈 이야기이지만, (2)다양한 면에서 왕따나 아이의 제멋대로인 행동, 그리고 비행이라는 이야기를 하고 있어서 최근 사회문제에 대해서 깊게 생각해보게 되었습니다.

저자 해설

(1) 문법적으로 틀리지는 않았지만, 수식어가 길어지면 듣기 어려워집니다. 문장을 짧게 나눠서 이야기하는 편이 듣기 쉽습니다.

→主人公は、自分が教えている学生たちに自分の子を殺されてしまいました。その加害者の学生たちに復讐するという話です。

주인공은 자신이 가르치고 있는 학생들에게 자신의 아이를 살해당했습니다. 그 가해자인 학생들에게 복수한다는 이야기 입니다.

(2) 이 문제에서는 스토리를 상세하게 이야기할 수 있는지가 측정되기 때문에 '다양한 면'이나 '최근의 사회문제'와 같은 단어로 내용을 정리하는 것은 좋지 않습니다. 뭔가 한가지 문제로 좁혀서 이야기하는 편이 좋습니다. 예를 들면 여기서는 왕따 문제에 대해서 어떤 스토리가 있고, 자신을 뭘 느꼈는지 자세하게 이야기합시다.

1 어떤 문제가 출제되는가?

제6부의 문제는 장면설정이 있고 그 장면에 맞는 응답을 대사처럼 답하는 문제이다. 실제로 회화에서 사용하는 형태로 답변한다는 점은 제3부와 같지만, 제6부에서는 장면설정이나 답변해야 할 문제가 더욱 자세하게 설정된다. 제3부가 '순간적으로 한 마디로 답한다' 는 것에 주안점을 둔 것인 반면, 제6부에서는 답변을 생각할 시간이 30초 주어지고, 40초간 답한다. 더욱이 제3부에서는 대화상대가 지인이나 동료인 것에 비해 제6부에서는 상사나 선생님 등의 윗사람이나, 친구 등 친한 사이의 사람이라는 설정이 많아서 상대방에게 맞춘 말투로 답변해야 하는 점이 다르다. 또 일상장면이긴 하지만 트러블이 발생한 상황이나 상대방의 생각에 반대해야 하는 상황 등 말할 때에 배려가 필요해지는 장면설정이 자주 출제된다.

- 출제문항 수 : 3문항
- 응답준비시간 : 30초
- 응답시간 : 40초

2 평가기준 및 목적

여기서의 측정목적은 '적절한 말투' 이다. 한국어에서도 회사의 상사와 10년지기 친구에 대한 말투는 바꿀 필요가 있는 것처럼 일본어에서도 「敬語(경어)」 그리고 「友達言葉(반말)」를 나눠서 사용하는 것은 상급 일본어화자로서 넘어야 할 벽이라고 말할 수 있다. 제6부에서는 상대에게 맞는 말투를 쓸 수 있는지를 측정함으로써 회화체를 구사할 능력을 판정한다. 게다가 주어진 과제를 달성할 수 있는지, 그리고 회화상대를 배려한 표현을 쓸 수 있는지도 평가된다.

3 공략법

반말과 윗사람이나 거리가 먼 관계인 사람한테 쓰는 말을 가려쓰기 위해서 먼저 기본 회화체인 「です・ます체」와 '보통체' 그리고 '경어'의 차이를 확인해 두는 것이 중요하다. 그리고 여러 장면에 대해서 반말은 어떻게 표현하는지, 그리고 경어로 하면 어떻게 표현하는지를 구체적으로 가정해서 생각하는 것이 좋을 것이다.

몸풀기 문제

1　다음 동사를 번역해 보세요.

①__________　②__________　③__________　④__________

⑤__________　⑥__________　⑦__________　⑧__________

2　문제의 지시에 맞는 답은 어느 것입니까?
① a. レポートの分量が足りないのですが、かまいませんか。
　 b. レポートを、明日出させていただくわけにはいきませんか。
　 c. レポートを書くのに参考になる本を貸していただけませんか。

② a. ご迷惑おかけしまして、大変申し訳ありません。
　 b. わざわざお越しいただいて、恐縮です。
　 c. ミーティングの時間の変更ですね。かしこまりました。

③ a. 試験どうだった？私はだめだった。
　 b. 絶対大丈夫！がんばってきてね。
　 c. また次があるよ、大丈夫。

④ a. 今回、奨学金に応募してもよろしいでしょうか。
　 b. 先生のご本、サインをいただけませんでしょうか。
　 c. 先生、推薦書をいただきたいのですが……。

⑤ a. この分野は大学でも専門で学びましたし、即戦力になると思います。
　 b. 部長、先日のワークショップでは大変勉強になりました。
　 c. 同期の片山くん、ああ見えてとても仕事が速いですよ。

1 ① 사과하다(謝る)   ② 격려하다(励ます)   ③ 부탁하다(頼む)   ④ 어필하다(アピールする)
   ⑤ 조언하다(アドバイスする)   ⑥ 인사하다(挨拶する)   ⑦ 해결하다(解決する)   ⑧ 거절하다(断る)

2 ① b (教授に、レポートの締め切りを延ばしてもらえるようにお願いしてください。)
   ② a (クレームを入れた取引先に対して謝ってください。)
   ③ c (試験に落ちて落ち込んでいる友達を励ましてください。)
   ④ c (大学の担当教授に、奨学金の推薦書を書いてもらえるように頼んでください。)
   ⑤ a (会社の上司に対して、自分の能力をアピールしてください。)

어휘 教授교수   レポート리포트   締め切りを延ばす마감을 연기하다   分量분량   足りない모자라다
      参考になる참고가 되다   クレーム클레임, 불평   取引先거래처   恐縮だ황송하다   変更변경
      かしこまりました분부대로 하겠습니다   試験に落ちる시험에 떨어지다   落ち込む침울해지다   担当담당
      奨学金장학금   推薦書추천서   応募する응모하다   上司상사   能力능력   分野분야   専門전문, 전공
      即戦力훈련하지 않아도 바로 할 수 있는 능력   同期동기

2 ①「お願いする(부탁하다)」라는 지시이므로 b나 c이다.「締め切り마감(기한)」을 알아들었다면 리포트 제출일
      에 관한 내용이라는 것을 알 수 있을 것이다.

   ②「謝る(사과하다)」라는 지시이므로 a가 정답이다. b「恐縮です(황송합니다)」는 윗사람에게 감사의 마음을 전
      달할 때 쓰는 표현이다. c는 전언을 부탁받았을 때의 반응이다.

   ③「励ます(격려하다)」라는 지시이므로 c가 정답이다. a는 친구에게 감상을 이야기하는 장면, b는 시험을 치기 전
      에 응원하는 장면이다.

   ④「頼む(부탁하는)」장면은 b, c이다. a는 허가를 구하는 장면이다. 질문 전반의「奨学金(장학금)」과「推薦書(추
      천서)」라는 단어를 알아들어야 한다.

   ⑤「アピールする(어필하다)」는 행동에 들어맞는 것은 a와 c이다. 다만 자기 능력에 대해 말하는 것은 a이다.

그림을 보면서 설명을 듣고 그 장면에 맞는 이야기를 해 봅시다.
그림 속의 등장인물이 되었다고 생각하고 이야기 해 보세요. 응답시간은 40초입니다.

〈제1회〉

問題 1.

(30秒） → 発信音 → (40秒）　　終わりです

問題 2.

(30秒） → 発信音 → (40秒）　　終わりです

問題 3.

(30秒） → 発信音 → (40秒）　　終わりです

問題1 あなたは大学生（だいがくせい）です。今日中（きょうじゅう）に提出（ていしゅつ）しなければならないレポートがありますが、まだ終（お）わっていません。担当（たんとう）の教授（きょうじゅ）に状況（じょうきょう）を説明（せつめい）して、締（し）め切（き）りを延（の）ばしてもらえるようにお願（ねが）いしてください。 당신은 대학생입니다. 오늘 중으로 제출해야하는 리포트가 있습니다만, 아직 끝내지 못했습니다. 담당교수님에게 상황을 설명해서 마감을 연기해 달라고 부탁해 보세요.

응답예

あの……先生（せんせい）。レポートについてご相談（そうだん）があるんですが……。(1)実（じつ）は、レポートを書（か）くために必要（ひつよう）な資料（しりょう）を図書館（としょかん）に請求（せいきゅう）していたんですが、手違（てちが）いで到着（とうちゃく）が遅（おく）れてしまって、今日手（きょうて）に入（はい）ったんです。(2)その資料（しりょう）の内容（ないよう）を、ぜひレポートに盛（も）り込（こ）みたいと思（おも）っていまして…あと3日（みっか）ほどあれば完成（かんせい）できると思（おも）うのですが、(3)3日後（みっかご）に提出（ていしゅつ）させていただくわけにはいかないでしょうか。次回（じかい）からは(4)このようなことがないように気（き）をつけます。どうか、お願（ねが）いいたします。

저…교수님. 리포트에 대해 의논 드릴게 있습니다만…(1)실은, 리포트를 쓰기 위해 필요한 자료를 도서관에 청구했습니다만, 착오가 생겨 도착이 늦어져 버려서 오늘 받았습니다. (2)그 자료의 내용을 리포트에 담고 싶어서, 앞으로 3일 정도면 완성할 수 있을 것 같습니다만, (3)3일 후에 제출할 수 있도록 해 주시면 안될까요? 다음부터는 (4)이런 일이 없도록 주의하겠습니다. 아무쪼록 부탁드리겠습니다.

어휘 相談（そうだん）의논 資料（しりょう）자료 図書館（としょかん）도서관 請求（せいきゅう）する청구하다 手違（てちが）い착오, 실수 到着（とうちゃく）도착
手（て）に入（はい）る입수하다, 받다 盛（も）り込（こ）む(여러 가지 생각·고안 등을)포함시키다, 담다 完成（かんせい）する완성하다
提出（ていしゅつ）する제출하다

표현 実（じつ）は〜んです실은 ~한 것입니다(설명)　〜ていまして~해서
させていただくわけにはいかないでしょうか~할 수 있도록 해 주시면 안 될까요?

핵심포인트 잡기
- 윗사람인 교수에게 허가를 요구하는 장면이다.
- 응답의 흐름 : (1)상황을 설명한다→(2)자기의향을 설명한다→(3)허가를 구한다→(4)반성하는 말을 한다
- (1)(2)의 설명은 (3)허가를 구하고 나서 말해도 문제없다. 그리고 처음 약속한 것과 다른 것을 허가해 달라고 하는 미션이기 때문에 반성하는 말을 넣는 것이 효과적이다.

問題2　あなたは会社員です。今日届くように送った書類が、まだ着いていないと取引先から電話を受けました。取引先に謝り、問題を解決してください。 당신은 회사원입니다. 오늘 도착하도록 보낸 서류가 아직 도착하지 않아 거래처에서 전화를 받았습니다. 거래처에 사과하고 문제를 해결해 보세요.

응답예

(1)この度は、ご迷惑をおかけしまして、大変申し訳ございません。こちらでは当社指定の宅配会社を利用しておりまして、今回の書類に関しましても日時を指定して(2)昨日の午前中に発送させていただいております。宅配会社の事情で遅れているという可能性もありますので、(3)こちらで宅配会社に電話して確認してみたいと思います。結果はすぐにご報告いたしますので、(4)今しばらくお待ちいただけますでしょうか。

(1)이번에 폐를 끼쳐드려 대단히 죄송합니다. 저희 회사에서는 당사지정의 택배회사를 이용하고 있어, 이번 서류에 관해서도 날짜를 지정해서 (2)어제 오전에 발송했습니다. 택배회사 쪽의 사정으로 늦어질 가능성도 있으니 (3)저희 쪽에서 택배회사에 전화해서 확인해 보겠습니다. 결과는 바로 알려드릴 테니 (4)조금만 더 기다려 주실 수 있을까요?

어휘　会社員회사원　指定지정　宅配택배　発送발송　郵便우편　可能性가능성　結果결과
　　　すぐに바로　報告보고

표현　ご迷惑おかけしまして폐를 끼쳐드려　大変申し訳ございません대단히 죄송합니다
　　　させていただいております했습니다(자기를 낮춘 표현)　〜たいと思います~하고 싶습니다
　　　お〜いただけますでしょうか~해 주실 수 있습니까?

핵심포인트 잡기
• 친하지 않은 상대에게 사죄하는 장면이다.
• 응답의 흐름 : (1)사죄한다→(2)상황을 설명한다→(3)해결책을 제시한다→(4)승낙을 구한다
• 비즈니스 장면에서는 사죄의 말은「すみません／すみませんでした」가 아니라「申し訳ございません」을 사용한다. 그리고 문제문의 지시는 '문제를 해결하라'는 것이므로 (3)해결책 제시는 반드시 넣도록 한다.

問題3　友達が1年間準備してきた試験に落ちて、落ち込んでいます。友達を励ましてください。 친구가 1년간 준비해 온 시험에 떨어져 풀이 죽어 있습니다. 친구를 격려해 주세요.

응답예

そっか……。もうちょっとのところ合格に手が届かなかったなんて、(1)本当に悔しいよね。ゆきちゃん、(2)1年間本当に頑張ってきたもんね。今回の結果は確かに残念なことだけど、でも私は、結果と同じ

くらい過程って大事だと思うんだ。(3)この1年の努力が、絶対ゆきちゃんの力になってるし、いつか考えてもいなかったところで発揮できる時がくるんじゃないかな。来年の試験のことは、休んでから改めて考えればいいじゃない。(4)とにかく今は、よく休んでね。

그렇게 됐구나…아깝게 합격을 못했다니 (1)정말 억울하지. 유키야 (2)1년간 정말 열심히 했잖아. 이번 결과는 물론 유감스럽지만 난 결과와 마찬가지로 과정 또한 중요하다고 봐. (3)이 1년간의 노력이 꼭 유키의 힘이 되었을 것이고, 언젠가 생각지도 않은 곳에서 발휘할 수 있을 때가 오지 않을까? 내년 시험은 좀 쉬었다가 다시 생각하면 돼. (4)아무튼 지금은 푹 쉬어.

어휘 手が届く 힘이 미치다, 할 수 있다　悔しい 억울하다　過程 과정　発揮する 발휘하다　改めて 다시

표현 本当に〜よね 정말 ~하지　〜もん 「もの(정당성을 주장하는 말투)」의 격의 없는 표현

　　　〜んじゃないかな ~거 아닐까?　とにかく〜 아무튼~

핵심포인트 잡기
- 친한 사람을 격려하는 장면이다.
- 응답의 흐름 : (1)공감한다→(2)상대를 인정한다→(3)격려한다→(4)위로한다
- 응답예는 여자가 여자친구를 격려하는 예이다. 남자의 경우에는 문말을 바꿔야 한다.
- 제6부에서는 그림에 있는 등장인물과 수험자 본인의 성별이 다른 경우가 있다. 특히 반말로 답하는 문제일 때는 남자말·여자말 어느 쪽을 하는게 좋을지 망설일 수도 있다. 그럴 때는 그림과 다르다고 하더라도 자기의 성별에 맞는 말로 답하도록 하자.

〈남자의 경우〉

そっか……。もうちょっとのところで合格に手が届かなかったなんて、本当に悔しいよな。ひろし、1年間本当に頑張ってきたもんな。今回の結果は確かに残念なことだけど、でも俺は、結果と同じくらい過程って大事だと思うんだ。この1年の努力が、絶対ひろしの力になってるし、いつか考えてもいなかったところで発揮できる時がくるんじゃないかな。来年の試験のことは、休んでから改めて考えればいいじゃん。とにかく今は、よく休んでな。

〈제2회〉

제**6**부

問題 1.

 (30秒） → 発信音 → （40秒）　終わりです

問題 2.

(30秒） → 発信音 → （40秒）　終わりです

問題 3.

(30秒） → 発信音 → （40秒）　終わりです

問題1　あなたは大学生で、奨学金を申請しようと思っていますが、申請には指導教授の推薦書が必要です。教授に推薦書を書いてもらえるよう頼んでください。 당신은 대학생으로 장학금을 신청하려고 합니다만, 신청에는 지도교수의 추천서가 필요합니다. 교수에게 추천서를 써 달라고 부탁해 주세요.

응답예

先生。(1)学校から公示が出ていたんですが、山田財団が募集している大学院生向けの奨学金に、今度応募してみようかと思っています。他にも色々探してみたんですが、(2)人文科学系の大学生の研究を積極的に支援しているのはここだけで、私に一番合っていると判断しました。申請には指導教授の推薦書が必要なのですが、(3)先生に推薦書をいただくことはできますでしょうか。締め切りは1カ月後です。(4)お忙しいところ申し訳ありません。どうかよろしくお願いします。

교수님. (1)학교에서 공지가 나왔는데요. 야마다재단이 모집하고 있는 대학원생 대상으로 한 장학금에 이번에 응모해 보려고 하는데요. 다른 것도 여러 가지 찾아 봤습니다만, (2)인문과학계 대학생의 연구를 적극적으로 지원하고 있는 곳은 여기뿐이라 저에게 가장 맞다고 판단했습니다. 신청에는 지도교수의 추천서가 필요합니다만, (3)교수님의 추천서를 받을 수 있을까요? 마감기한은 한 달 후 입니다. (4)바쁘실텐데 죄송합니다. 아무쪼록 잘 부탁드립니다.

어휘　公示が出る 공시가 나오다　募集する 모집하다　支援する 지원하다　判断する 판단하다　申請 신청

표현　～んですが ~입니다만　～うかと思っています ~(하)려고 합니다

　　　～いただくことはできますでしょうか ~(해)주실 수 있을까요?
　　　お忙しいところ申し訳ありません 바쁘실텐데 죄송합니다　どうか～ 아무쪼록~

핵심포인트 잡기

• 윗사람인 교수에게 의뢰하는 장면이다.

• 응답의 흐름 : (1)상황을 설명한다→(2)선택한 이유를 이야기한다→(3)의뢰한다→(4)상대를 배려한다

• 바로 의뢰하지 않고, (1)(2)처럼 의뢰할 내용에 대해서 상대가 바로 이해할 수 있도록 설명해 둘 것. 또한 의뢰라는 것은 상대에게 부담을 주는 것으로 이어지기 때문에 (4)처럼 상대를 염려하거나, 죄송한 마음을 전하면 인상이 좋다.

問題2 あなたは会社員で、新しい部署へ異動したいと思っています。上司にその理由を説明して、自分の能力についてアピールしてください。

당신은 회사원으로, 새 부서로 이동하고 싶습니다. 상사에게 그 이유를 설명해서 자기 능력에 대해 어필해 주세요.

응답예

あの、部長。開発部への異動の件なのですが、(1)ぜひ私に行かせていただけないでしょうか。(2)もちろん、今の部署に不満があるというわけではなく、それどころか、人と触れ合う営業という場で毎日鍛えられていることを実感しています。ここでの勉強がまだ足りないということも重々承知なのですが、(3)大学院で研究してきたことを直接生かせる部署というのはやはり開発部ですし、何より会社の即戦力になれる自信もあります。(4)どうか、ご検討いただけないでしょうか。

저~, 부장님. 개발부로의 이동건 말입니다만, (1)꼭 제가 가도록 해 주시면 안될까요? (2)물론 지금 부서에 불만이 있는 것은 아니지만, 불만은 커녕 사람들과 만나는 영업이라는 장에서 매일 단련되고 있다는 것을 실감하고 있습니다. 여기서의 공부가 아직 모자란다는 것도 충분히 잘 알고 있습니다만, (3)대학원에서 연구해 왔던 것을 직접 살릴 수 있는 부서는 역시 개발부이기도 하고, 무엇보다 회사에서 제몫을 할 자신도 있습니다. (4)아무쪼록 검토해 주실 수 없을까요?

어휘 　開発部개발부　異動이동　部署부서　不満がある불만이 있다　触れ合う접촉하다, 서로 통하다
　　　営業영업　鍛えられる단련되다　実感する실감하다　重々충분히　承知(사정 등을)알고 있음
　　　直接직접　検討검토

표현 　ぜひ〜せていただけないでしょうか꼭 ~(해)주시면 안될까요?　もちろん〜물론~
　　　どうか〜いただけないでしょうか아무쪼록 ~(해)주시겠습니까?

핵심포인트 잡기

• 윗사람인 상사에게 주장하는 장면이다.

• 응답의 흐름 : (1)허가를 구하다→(2)상황을 설명하다→(3)의견의 근거를 말하다→(4)재차 허가를 구하다

• 여기서의 문제는 새로운 부서로 이동하는 것을 지금 부서의 상사에게 전한다는 점이다. 지금 부서에 불만이 있다는 것은 상사에게는 불쾌한 것이므로 이야기하지 않도록 한다. 일본어의 경우 쭉 자신만만하게 능력에 대해서 어필하는 것 보다 전체적으로 겸손하게 말하면서 어필하는 것이 자연스럽다.

<table>
<tr><td>問題3</td><td>あなたの友達が、大学を卒業した後、進学するか就職するか悩んでいます。友達に対して適切なアドバイスをしてください。</td></tr>
</table>

당신 친구가 대학을 졸업한 후 진학할 것인지 취업할 것인지 고민하고 있습니다. 친구에게 적절한 어드바이스를 해 주세요.

응답예

進学と就職か……。(1)正解がないから選択が難しいよね。(2)でもさ、大学院ってやっぱり、なんとなく行くところじゃないんじゃないかなあ。もちろん、ゆきに絶対研究したい！っていうテーマがあるんだったら別だけど、ただ社会に出る準備期間として大学院を捉えちゃうと、結局2年間を無駄にしちゃうんじゃないかなあ。(3)まあ、大学院を修了してから専門職を目指すっていう考えもあると思うけどね。私だったら真剣に就職する方を考えてみるかな。(4)大学院に行きたかったら、その後でも遅くないと思うよ。

진학하고 취업말이지…. (1)정답이 없으니까 선택이 어렵지. (2)하지만 대학원이라는 곳이 막연히 갈 곳은 아닌 것 같지 않아? 물론 유키가 꼭 연구하고 싶은 테마가 있다면 말이 달라지지만, 그냥 사회에 나가는 준비기간으로 대학원을 생각한다면 결국 2년 동안을 헛되이 보내버리는 것 아닐까? (3)어쨌든 대학원을 수료하고나서 전문직을 목표로 한다는 생각도 있겠지만 말이야. 나라면 진지하게 취업하는 쪽을 생각해 볼 것 같은데. (4)대학원에 가고 싶다면 그 후라도 늦지 않을 것 같아.

어휘　進学 진학　正解 정답　選択 선택　目指す 목표로 하다　真剣に 진지하게

표현　～よね ~(이)지　～じゃないかなあ ~지 않아?　まあ～と思うけどね 어쨌든 ~겠지만 말이야
私だったら～かな 나라면　~같은데　～と思うよ ~것 같아

핵심포인트 잡기

- 친한 사람에게 조언을 하는 장면이다.
- 응답의 흐름 : (1)공감한다→(2)자기 의견을 말한다→(3)다른 선택지도 제시한다→(4)조언한다.
- 응답예와 같이 다른 선택지를 주면서 조언을 하는 경우도 강한 어조로 상대에게 조언을 하는 경우도 (2)와 같이 조언하는 근거를 반드시 말해야 한다.

〈남자의 경우〉
進学と就職か……。正解がないから選択が難しいよな。でもさ、大学院ってやっぱり、なんとなく行くところじゃないんじゃないかなあ。もちろん、ひろしに絶対研究したい！っていうテーマがあるんだったら別だけど、ただ社会に出る準備期間として大学院を捉えちゃうと、結局2年間を無駄にしちゃうんじゃないかなあ。まあ、大学院を修了してから専門職を目指すっていう考えもあると思うけどな。俺だったら真剣に就職する方を考えてみるかな。大学院に行きたかったら、その後でも遅くないと思うよ。

〈제3회〉  제**6**부

問題 1.

 （30秒） → 発信音 → （40秒）　終わりです

問題 2.

 （30秒） → 発信音 → （40秒）　終わりです

問題 3.

 （30秒） → 発信音 → （40秒）　終わりです

問題1 あなたの日本語（にほんご）の先生（せんせい）が、今度韓国（こんどかんこく）から日本（にほん）へ帰国（きこく）することになりました。先生（せんせい）にお別（わか）れの挨拶（あいさつ）をしてください。

당신의 일본어 선생님이 이번에 한국에서 일본으로 귀국하게 되었습니다. 선생님에게 작별인사를 해 보세요.

응답예

先生、(1)今（いま）まで本当（ほんとう）にありがとうございました。(2)先生（せんせい）と初（はじ）めてお会（あ）いした時（とき）にはまだひらがなも書（か）けなかったのに、今（いま）こうして話（はな）せるようになったのも、先生のご指導（しどう）のおかげです。(2)いらっしゃったばかりの頃（ころ）は、韓国（かんこく）の文化（ぶんか）に慣（な）れないことも多（おお）く大変（たいへん）だったことと思（おも）います。でも今（いま）は第二（だいに）の故郷（ふるさと）だとおっしゃるほど韓国（かんこく）という国（くに）を好（す）きになってくださって、本当（ほんとう）に感激（かんげき）しています。(3)日本（にほん）に帰（かえ）られてもここでの日々（ひび）を忘（わす）れないでくださいね。先生、お元気（げんき）でお過（す）ごしくださいね。

선생님 (1)지금까지 정말 감사했습니다. (2)선생님과 처음 만났을 때는 히라가나도 아직 못 썼었는데 지금 이렇게 말할 수 있게 된 것도 선생님이 지도해 주신 덕분입니다. (2)오신지 얼마 안됐을 때는 생소한 한국문화가 많아서 힘드셨을 겁니다. 하지만 지금은 제2의 고향이라고 말씀하실 정도로 한국이라는 나라를 좋아해 주서서 정말 감격했습니다. (3)일본에 가셔도 여기서의 하루하루를 잊지 말아 주세요. 선생님 건강하게 지내세요.

어휘 帰国（きこく）귀국　お別（わか）れの挨拶（あいさつ）작별인사　指導（しどう）지도　文化（ぶんか）문화　故郷（ふるさと）고향　感激（かんげき）する감격하다

忘（わす）れる잊다

표현 〜のおかげです~덕분입니다　〜ことと思（おも）います~했을 것 같습니다

〜ないでくださいね~하지 말아 주세요　お〜くださいね~해 주세요

핵심포인트 잡기

• 윗사람인 선생님에게 인사하는 장면이다.

• 응답의 흐름 : (1)감사한다→(2)추억을 이야기 한다→(3)작별의 말을 한다

• 선생님의 행동에는 존경어, 자기 행동에는 겸양어를 사용한다는 것에 유의한다. 「お別（わか）れの挨拶（あいさつ）(작별인사)」라는 지시이지만, 인사로 끝내지 않고 지금까지의 감사의 말도 해야 한다.

問題2 あなたは会社員です。取引先に商品のサンプルを注文して、来週に届く予定になっていましたが、急に今週中に必要になりました。取引先に電話して、問題を解決してください。 당신은 회사원입니다. 거래처에 상품샘플을 주문해서 다음 주에 도착할 예정이었습니다만, 갑자기 이번 주 중에 필요해졌습니다. 거래처에 전화해서 문제를 해결해 보세요.

응답예

もしもし、YCコーポレーションの小林と申します。(1)どうも、お世話になっております。あの実は、商品サンプルの件なのですが、(2)会議が今週に前倒しされた関係で、(3)できれば今週中に送っていただきたいんですが……可能でしょうか。(4)無理を言ってしまって、申し訳ありません。(5)明日またご連絡させていただきますので、ご検討いただけますか。どうぞよろしくお願いいたします。

여보세요, YC코포레션의 고바야시라고 합니다. (1)안녕하세요. 저~실은 상품 샘플 건 말인데요, (2)회의가 이번 주로 앞당겨진 바람에 (3)될 수 있으면 이번 주 중에 보내주셨으면 합니다만. 가능할까요? (4)무리한 부탁을 해서 죄송합니다. (5)내일 다시 연락드릴테니 검토해 주시겠습니까? 아무쪼록 잘 부탁드리겠습니다.

어휘 商品상품 サンプル샘플 会議회의 前倒し예정을 앞당겨 실시하는 것 無理を言う무리한 말을 하다

표현 お世話になっております신세지고 있습니다 ~た関係で~한 관계로
できれば~ていただきたいんですが가능한 한 ~해주셨으면 합니다 可能でしょうか가능할까요?

핵심포인트 잡기
- 친하지 않은 사람에게 부탁하는 장면이다.
- 응답의 흐름 : (1)인사한다→(2)사정을 설명한다→(3)의뢰한다→(4)사죄한다→(5)앞으로의 예정을 말한다
- 수험자가 주문한 입장이 되어 하는 것이기 때문에 상대방을 요란스럽게 공경할 필요는 없지만, 비즈니스 장면이므로 존경어를 유지해야 한다. 예정이 바뀐 사정을 반드시 말하도록 한다.

> **問題3** 旅行に行く友達にあなたのカメラを貸してほしいと言われますが、壊されると困るので貸したくありません。友達の気分を害さないように断ってください。
>
> 친구가 여행을 가는데 당신 카메라를 빌려 달라고 합니다만, 고장나면 곤란하니까 빌려 주고 싶지 않습니다. 친구의 마음을 상하지 않도록 거절해 주세요.

응답예

カメラかー、(1)カメラはちょっと……。あのさ、誤解しないで聞い  てほしいんだけど、(2)カメラって落とすとすぐ故障するじゃん。もちろん、ひろしが落とすって言ってるんじゃないよ。でも旅行中だし、もしもってこともあるじゃん。(3)それに実は、前に使ってたカメラも落として壊しちゃってるんだよね。それで、もう二度とそうやって不注意では故障させないようにしようって、このカメラ買ったときに決心したんだ。だから、(4)悪いけど……ごめん。

카메라 말이야~ (1)카메라는 좀 그런데…. 저~, 오해하지말고 들어주길 바라. (2)카메라라는게 떨어뜨리면 바로 고장나잖아. 물론 히로시가 떨어뜨린다는건 아니야. 하지만 여행중이기도 하고 만약의 경우라는게 있잖아. (3) 게다가 실은 전에 사용했던 카메라도 떨어뜨려서 고장냈거든. 그래서 두번 다시 그런 부주의함으로 인한 고장은 안낼 거라고 이 카메라를 샀을 때 결심했어. 그래서 (4)미안하지만…. 미안.

어휘 誤解する오해하다 落とす떨어뜨리다 故障する고장나다 もう二度と두 번 다시 不注意부주의
決心する결심하다

표현 ～はちょっと~은 좀...　もちろん～じゃないよ물론 ~(한)것은 아니야
実は～だよね실은 ~(했)거든　悪いけど미안하지만

핵심포인트 잡기

- 친한 사람의 부탁을 거절하는 장면이다.
- 응답의 흐름 : (1)거절하고 싶은 마음을 전달한다→(2)사정을 설명한다→(3)사정을 좀 더 설명한다→(4)사죄한다
- 친한 관계라도 「友達の気分を害さないように(친구의 마음을 상하지 않도록)」이라는 지시가 있기 때문에 「無理だ(무리야)」「貸せない(안 빌려줘)」등 직접적인 표현을 피하도록 한다. 특히 일본어의 경우는 거절하는 말은 확실히 하지 않고 무리인 이유를 상세하게 말해서 상대방에게 자기의 의사를 간접적으로 전달하는 말투가 자연스럽다.

〈여자의 경우〉

カメラかー、カメラはちょっと……。あのね、誤解しないで聞いてほしいんだけど、カメラって落とすとすぐ故障するじゃない。もちろん、ゆきが落とすって言ってるんじゃないよ。でも旅行中だし、もしもってこともあるじゃない。それに実は、前に使ってたカメラも落として壊しちゃってるんだよね。それで、もう二度とそうやって不注意では故障させないようにしようって、このカメラ買ったときに決心したんだ。だから、悪いけど……ごめんね。

고득점을 향한 전략

SJPT 발음 · 유창성의 포인트

- 자주 사용되는 표현의 억양

  · 〜ていただけないでしょうか

  예) 私に行かせていただけないでしょうか。○
  　　私に行かせていただけないでしょうか。✕

  · 〜てもよろしいでしょうか

  예) 先生の授業に参加してもよろしいでしょうか。○
  　　先生の授業に参加してもよろしいでしょうか。✕

SJPT 어휘 포인트

경어에서 자주 사용되는 표현은 몇 번이고 소리내어 연습해 보자.

[경어]

ご無沙汰しております。오랜만입니다.
お世話になっております。신세지고 있습니다.
お気遣いありがとうございます。신경 써 주셔서 감사합니다.
おかげさまで〜 덕분에~
恐縮です。송구스럽습니다.
申し訳ございません。죄송합니다.
あいにく〜ております。공교롭게도 ~해 있습니다.

SJPT 문법 포인트

- 경어

  존경어① お〜になる

  先生、もうお帰りになりますか。선생님, 이제 집에 가시겠습니까?

  朝早くご出発になりました。아침 일찍 출발하셨습니다.

존경어② 　특별한 동사

どうぞ、召し上がって下さい。 자, 많이 드세요.

先生は研究室にいらっしゃいます。 선생님은 연구실에 계십니다.

자주 사용하는 특별동사표

보통말	존경어
行く 가다 来る 오다 いる 있다	いらっしゃる 가시다/오시다/계시다
食べる 먹다 飲む 마시다	召し上がる 드시다
する 하다	なさる 하시다
言う 말하다	おっしゃる 말씀하시다
知っている 알다	ご存じだ 아시다

존경어③ 　～れる

ビールも飲まれますか。 맥주도 드시겠습니까?

英語を話されますか。 영어 하실 수 있습니까?

■ 겸양어

겸양어① 　특별한 동사

자주 사용하는 특별동사표

보통말	겸양어
行く 가다 来る 오다	参る 가다/오다
いる 있다	おる 있다
食べる 먹다 飲む 마시다	いただく 먹다/마시다
する 하다	いたす 하다
言う 말하다	申す 말하다
聞く 묻다	伺う 여쭙다

겸양어② 　お〜する

おかばん、お持ちします。 가방, 들어 드리겠습니다.

私がご案内します。 제가 안내해 드리겠습니다.

■ 남자말 · 여자말의 어미표현

	남녀공통	남자말	여자말
공감	ね、よね いいね、それ。	な いいな、それ。	わね いいわね、それ。
새로운 정보 강조	よ 私、行くよ。	ぞ、ぜ 俺、行くぞ。	わよ 私、行くわよ。
확인	ね、よね 明日、行くよね。	だろ 明日、行くだろ。	でしょ 明日、行くでしょ。
감정	な、なあ それ、ほしいな。	な、なあ それ、ほしいな。	わ それ、ほしいわ。
권유	〜ましょう、(う)형 一緒に行こう！	(う)ぜ 一緒に行こうぜ！	〜ましょ 一緒にいきましょ！
사정설명	んだ 私、風邪なんだ。	んだ 俺、風邪なんだ。	の 私、風邪なの。
어절 끝	さ あのさ、今日さ…	さ あのさ、今日さ…	ね あのね、今日ね…

상급학습자의 응답예

問題1 あなたは大学生です。今日中に提出しなければならないレポートがありますが、まだ終わっていません。担当の教授に状況を説明して、締め切りを延ばしてもらえるようお願いしてください。 당신은 대학생입니다. 오늘 중으로 제출해야하는 리포트가 있습니다만, 아직 끝내지 못했습니다. 담당하는 교수님에게 상황을 설명해서 마감을 연기해 달라고 부탁해 보세요.

응답예 (1)あの、すみません。今週の金曜日までのレポートのことですが、親が急に入院することになって、提出するには間に合わなさそうです。なので、今週末までは必ず提出するので、締め切りの期限を(2)延ばしてください。

저, 죄송합니다. 이번 주 금요일까지 내야하는 리포트 말인데요, 부모님이 갑자기 입원하시게 되어서 제출 기한을 맞추지 못할 것 같아요. 그래서 이번 주 말까지는 어떻게든 제출할 테니, 마감 기한을 늘려 주세요.

저자 해설 (1) 교수님께 사죄하는 것이니 여기서는 「本当に申し訳ありません」등 더 정중한 표현이 적절합니다.

(2) 「〜てください」는 말은 정중하지만 상대방에게 유무를 묻지 않고 지시하는 표현으로 들립니다. 허가를 부탁하는 것이 여기서의 과제이므로, 이 부분에서는 「〜ていただけませんか」라고 의문형으로 해야합니다.

問題2 旅行に行く友達にあなたのカメラを貸してほしいと言われますが、壊されると困るので貸したくありません。友達の気分を害さないように断ってください。 친구가 여행을 가는데 당신 카메라를 빌려 달라고 합니다만, 고장나면 곤란하니까 빌려 주고 싶지 않습니다. 친구의 마음을 상하지 않도록 거절해 주세요.

응답예 あー、そのカメラね、今ちょっとレンズが割れていて修理に出しているんだ。それで、修理に一週間以上かかるっていうことだから、明日貸すことはできなさそう。ごめん。

아, 카메라 말이야, 지금 렌즈가 좀 깨져서 수리 맡겼어. 그래서 수리하는데 일주일 이상 걸린다고 해서 내일 빌려줄 수 없을 것 같아. 미안해.

저자 해설 • 이 응답예처럼 거짓 이유를 만들어서 거절하는 방법도 틀린 것은 아닙니다. 하지만 이 문제에서는 '친구의 마음을 상하지 않게 거절할 수 있는지 어떤지' 라는 난이도 높은 과제를 어떤 표현을 사용해서 수행할 수 있는가 하는 부분을 측정하고 있습니다. 이 문제처럼 단지 거절하는 것만인 응답으로는 감점의 대상이 되겠죠.

MEMO

제**7**부　連続した絵

1 어떤 문제가 출제되는가?

제7부는 네 컷 만화를 보면서 스토리를 설명하는 문제이다. 제4부, 제5부와 같이 수험자 본인이 중심이 되어 말하거나, 제6부처럼 누군가의 역할을 연기하는 것처럼 말하는 것이 아니라, 객관적으로 사건을 묘사할 것이 요구된다. 응답시간은 90초이다.

> • 출제문항 수 : 1문항
> • 응답준비시간 : 30초
> • 응답시간 : 90초

2 평가기준 및 목적

여기서는 스토리 파악능력과 표현능력이 측정된다. 특히 한 컷마다 만화를 이어서 설명할 때 그 전후관계가 적절하게 표현되고 있는지 없는지, 즉 접속사를 적절하게 사용하는지 어떤지와 같은 것도 중시된다.

3 공략법

스토리를 이해하기 쉽게 전달하기 위해서는 될 수 있으면 주인공을 중심에 두는 것이 중요하다. 일본어에서는 수동형, 사역수동형 등 주어를 바꾸지 않고 사건을 표현하는 문법이 발달해 있다. 자세하게 묘사하는 것도 중요하지만, 스토리 중심을 잃지 않도록 전체적으로 통일성을 가지고 말하는 것이 중요하다. 자주 사용되는 접속사를 다시 확인해서 스토리 도중에 효과적으로 사용할 수 있도록 연습하는 것도 좋을 것이다.

몸풀기 문제

1 어떤 접속사가 적절할까요?

① 道を歩いていました。（すると／そこで）、道にお金が落ちていました。

② 道にお金が落ちていました。（それで／そして）、そのお金を拾いました。

③ お金を拾おうとしました。（そのとき／そのあと）、ポケットから携帯電話が落ちました。

④ Aさんは携帯電話を落としてしまいました。（ところが／それでも）Aさんはそれに気づかずに、そのまま行ってしまいました。

1　① すると　　② それで　　③ そのとき　　④ ところが

1　① 길을 걷고 있었습니다. 그러자 길에 돈이 떨어져 있었습니다.
새로운 사실을 말하기 전에는 「すると」를 사용한다. 「そこで」는 어떤 상황이 되어서 새로운 행동을 하는 경우에 사용한다.

예)雨が降っていた。そこで、傘を持っていくことにした。비가 왔다. 그래서 우산을 가지고 가기로 했다.

② 길에 돈이 떨어져 있었습니다. 그래서 그 돈을 주웠습니다.
어떤 상황이 되어 그 다음에 무언가 행동을 일으키는 경우에 사용한다. ①의 선택지 「そこで」와 같다. 「そして」는 행동이나 상황이 시간적으로 연속되어 있을 때 사용하기 때문에 이 문장에 넣어도 문법적으로는 틀리지는 않지만, 새로운 행동을 한다는 뉘앙스는 없기 때문에 「それで」가 적절하다.

③ 돈을 주우려고 했습니다. 그 때 주머니에서 휴대전화가 떨어졌습니다.
「～うとした(~려고 했다)」가 포인트이다. 그 순간 다른 일이 일어났기 때문에 「そのとき」가 적절하다.
「そのあと」는 하나의 행동이 완전히 끝나고 나서 다음 행동을 하는 경우에 사용하는 순서를 강조한 표현이다.

④ A 씨는 휴대전화를 떨어뜨렸습니다. 그런데 A 씨는 그것을 모르고 그대로 가 버렸습니다.
A 씨가 「(携帯を落としたことに)気づかない (휴대전화를 떨어뜨린 것을)알아차리지 못한다」가 포인트이다.
「ところが」는「しかし」 보다도 의외의 사실을 표현할 때 쓰는 역설표현이다. 「それでも」는 보통 예상할 수 있는 것과 다른 결과인 경우에 사용하는 표현이다.

예)注射は痛いです。それでも、私は注射をします。주사는 아픕니다. 그래도 저는 주사를 맞습니다.

실전문제 도전

연속 된 네 컷의 그림을 보고 스토리를 이야기 해 봅시다. 응답시간은 90초입니다.

〈제1회〉

1

2

3

4

💡（30秒）→ 発信音 → 🎤（90秒）　　終わりです

1 女の人が公園のようなところを歩いていました。

2 歩きながらふと横を見ると、道にお金が落ちているのを見つけました。一万円札のようです。女の人はびっくりしました。

3 こんなことはめったにないので、女の人はうれしそうにお金を拾おうとその場にしゃがみました。ところがその時、女の人のポケットから携帯電話が落ちてしまいました。

4 女の人はそのことに気づかないまま、一万円を拾って、何に使おうかと期待を膨らませながら、その場を立ち去ってしまいました。高そうな携帯電話は道に落ちたままです。

1 여자가 공원인 듯한 곳을 걷고 있었습니다.

2 걸으면서 무심코 옆을 보니 길에 돈이 떨어져 있는 것을 발견했습니다. 만 엔 짜리 같습니다. 여자는 깜짝 놀랐습니다.

3 이런 일이 좀처럼 없기 때문에 여자는 기쁜 듯이 돈을 주우려고 그 자리에 쭈그리고 앉았습니다. 그런데 그 때, 여자 주머니에서 휴대전화가 떨어져 버렸습니다.

4 여자는 그것도 모르고 만 엔을 주워서 어디에 쓸까하며 기대에 부풀어서 그 자리를 떠났습니다. 비싸 보이는 휴대전화는 길에 떨어진 채입니다.

어휘　公園공원　歩く걷다　ふと문득　横を見る옆을 보다　お金が落ちる돈이 떨어지다

　　　見つける발견하다　びっくりする깜짝 놀라다　めったにない좀처럼 없다

　　　うれしそうに기쁜 듯이　拾う줍다　しゃがむ쭈그리고 앉다　ポケット주머니　気づく알아채다

　　　期待を膨らませる기대에 부풀다　立ち去る떠나가다　結局결국　高額고액　同額같은 액수

　　　価値가치

핵심포인트 잡기

• 스토리를 말할 때는 '누가', '무엇을 했는지' 확실하게 알 수 있도록 말해야 한다.

• 응답시간은 90초로 길기 때문에 '누가', '무엇을 했는지' 이외의 부분도 상세하게 말하도록 하자. 여기서는 그림에 그려져 있는 정보를 상세하게 말하든지(「公園のようなところを(공원인 듯한 곳을)」「女の人はびっくりしました(여자는 깜짝 놀랐습니다)」등) 그림에 그려져 있지 않은 부분도 상상해서 말하거나 하고 있다(「こんなことはめったにない(이런 일은 좀처럼 없다)」「何に使おうかと期待を膨らませながら(어디에 쓸까하며 기대에 부풀어서)」등). 설명이 상세하게 충분히 되어있다면, 90초라는 제한시간이 될 때까지 무리하게 말할 필요는 없다.

• 시간에 여유가 있다면 이야기를 정리해서 스토리의 결과에 대해 말한다거나 스토리에 대한 감상을 말하거나 해서 응답시간을 유효하게 이용하자.

例) 結局女の人は高額のお金を拾ったというのに、同額か、それ以上の価値のものを落としてしまったのでした。결국 여자는 고액의 돈을 주웠다 하더라도 같은 액수나 그 이상의 가치의 것을 잃어버리고 만 것입니다.

〈제2회〉　　

1

2

3

4

（30秒）　→　発信音　→　（90秒）　　終わりです

1 男の人は前日の夜、アラームをかけたというのに寝過ごしてしまいました。時計を見るともう8時半です。このままでは遅刻は確実です。

2 急いで準備して、慌てて家を飛び出して駅まで走りましたが、いつも乗っている電車の時間には間に合いませんでした。

3 次の電車を待っていたのでは間に合わないと思った男の人は、駅から近いバス停でバスを待つことにしました。すると、同じ会社の同僚の前田さんに声をかけられました。

4 実は前から前田さんのことが気になっていた男の人は、偶然の出会いに感謝しながら、前田さんと楽しそうに話し始めました。

1 남자는 전날 밤 알람을 맞췄는데 늦잠을 자 버렸습니다. 시계를 보니 벌써 8시 반입니다. 이대로라면 틀림없이 지각입니다.

2 서둘러서 준비해서 허둥지둥 집을 뛰쳐 나와 역까지 달렸습니다만, 늘 타던 전철 시간을 놓쳐 버렸습니다.

3 다음 전철을 기다리고 있자니 지각할 것 같아서 남자는 역에서 가까운 버스 정류장에서 버스를 기다리기로 했습니다. 그러자 같은 회사 동료인 마에다 씨가 말을 걸어왔습니다.

4 실은 전부터 마에다 씨를 마음에 두고 있던 남자는 우연한 만남에 감사하면서 마에다 씨와 즐거운 듯 이야기를 시작했습니다.

어휘 前日の夜전날 밤 アラームをかける알람을 맞추다 寝過ごす늦잠 자다 遅刻지각
急いで準備する서둘러서 준비하다 慌てる당황하다 家を飛び出す집을 뛰쳐 나가다
間に合う제시간에 대다 同僚동료 声をかけられる(다른 사람이 나에게)말을 걸다
気になる신경이 쓰이다 偶然の出会い우연한 만남 感謝する감사하다 寝坊늦잠
失敗する실패하다 さえ조차

핵심포인트 잡기

• 첫째 컷부터 네째 컷까지 균형 잡힌 분량으로 말하고 있다.

• 「このままでは遅刻は確実です(이대로라면 틀림없이 지각입니다)」「次の電車を待っていたのでは間に合わないと思った男の人(다음 전철을 기다렸다가는 늦을 거라고 생각한 남자)」등 컷과 컷 사이에 있는 이어지는 스토리를 설명하면 네 개의 컷이 하나의 스토리로 이어져 들리기 때문에 이해하기 수월하다.

• 제1회와 마찬가지로 시간에 여유가 있다면 스토리를 정리하는 한 문장이 있어도 좋다.
예) 始めは寝坊で失敗したと思っていた男の人ですが、今は寝坊して良かったとさえ思っています。처음에는 늦잠을 자서 실패했다고 생각했던 남자이지만, 지금은 늦잠자서 다행이라고까지 느끼고 있습니다.

〈제3회〉  161

1

2

3

4

（30秒） → 発信音 → （90秒）　　終わりです

1 この男の人は、ある試験の準備をしています。試験は10月11日で、今日は4日。試験当日まであと一週間しか残されていません。

2 友達が少し息抜きでもしようと遊びに誘ってくれましたが、男の人はその誘いも断って勉強を続けています。

3 そして、試験前日になりました。男の人は、なんと夜も寝ないで最後の追い込みをしています。この1週間ほとんど寝ていなかったのか、顔は青白く、今にも倒れそうです。

4 ついに、試験当日です。男の人は肝心の試験時間に眠くなってしまい、寝てしまいました。試験前に遊びに誘ってきた友達は前日もゆっくり休んだので、試験問題がよく解けているようです。

1 이 남자는 어느 시험 준비를 하고 있습니다. 시험은 10월 11일이고, 오늘은 4일. 시험 당일까지 앞으로 일주일밖에 남지 않았습니다.

2 친구가 기분전환이라도 조금 하자며 놀러 가자고 했습니다만, 남자는 그것을 거절하고 공부를 계속했습니다.

3 그리고 시험전날이 되었습니다. 남자는 밤에도 자지 않고 마지막 전력을 다하고 있습니다. 이번 일주일 동안 거의 자지 않았기 때문인지 얼굴은 창백하고 금방이라도 쓰러질 듯 합니다.

4 드디어 시험당일입니다. 남자는 가장 중요한 시험시간에 졸려서 자 버렸습니다. 시험전에 놀러 가자고 한 친구는 전날에도 푹 쉬었기 때문에 시험문제를 잘 풀 수 있는 것 같습니다.

어휘 息抜き 일하는 중간에 기분전환을 위하여 잠시 쉼 断る 거절하다 追い込み 최종 단계 顔 얼굴
青白い 창백하다 倒れる 쓰러지다 ついに 결국 肝心だ 가장 중요하다 眠い 졸다 解く 풀다

• 그림 속에 시간이나 날짜 등의 숫자가 나왔을 경우에는 그것도 설명에 넣도록 하자. 다만, 「試験当日まであと一週間(시험당일까지 앞으로 일주일)」과 같이 그 숫자가 어떤 의미를 가지고 있는지도 같이 말해야 한다.

• 요약하면서 스토리를 통해서 무엇을 말할 수 있는지, 교훈 등을 말해도 된다.
예) この男の人は少し気の毒ですが、何事もやりすぎはよくないということなのでしょう。 이 남자는 좀 가엾긴 하지만, 무슨 일이든 지나친 것은 좋지 않다는 것이겠죠?

실전문제 도전

〈제4회〉  제**7**부

1

2

3

4

💡（30秒）→ 発信音 → 🎤（90秒）　　終わりです

1 男の人がテレビの天気予報を見ています。天気は晴れですが、気温マイナス10度の予報です。今日はとても寒いようです。

2 外を歩くのは寒いので、男の人は今日は車に乗って会社に出かけました。寒そうな顔をして外を歩く人々を車の中から見ながら、男の人は車で来て良かったと満足そうな顔をしています。

3 しかし、午後から雪がたくさん降ってきました。会社で仕事している男の人は、会社の前の駐車場に止めてある自分の車を見ながら不安そうな表情をしています。

4 結局、大雪になってしまって、車は雪をすっぽり被ってしまいました。とても車を動かせる状況ではありません。男の人は、せっかく車に乗ってきたのに結局車を置いて、傘をさして歩いて帰ることになりました。

1 남자가 텔레비전의 일기예보를 보고 있습니다. 날씨는 맑습니다만, 기온이 마이너스 10도라는 예보입니다. 오늘은 아주 추울 것 같습니다.

2 바깥을 걷는 것은 춥기 때문에 남자는 오늘은 차를 타고 회사로 나갔습니다. 추운 듯한 얼굴로 바깥을 걷는 사람들을 차 안에서 보면서 남자는 차로 와서 잘했다고 만족한 듯한 표정입니다.

3 그러나 오후부터 눈이 많이 내리기 시작했습니다. 회사에서 일을 하고 있는 남자는 회사 앞 주차장에 세워 둔 자기 차를 보면서 불안한 듯한 표정을 하고 있습니다.

4 결국 눈이 많이 와서 차에 눈이 소복히 쌓였습니다. 차를 도저히 움직일 수 있는 상황이 아닙니다. 남자는 모처럼 차를 타고 왔는데 결국 차를 두고 우산을 쓰고 걸어서 돌아가게 되었습니다.

어휘 天気予報 일기예보　晴れる 날씨가 개다　気温 기온　満足そうな 만족한 듯한
駐車場に止めてある 주차장에 세워 두다　不安そうな表情 불안한 듯한 표정
大雪になる 눈이 많이 내리다　雪をすっぽり被る 눈이 소복이 덮히다　せっかく 모처럼
傘をさす 우산을 쓰다

핵심포인트 잡기

• 기본적으로 한 컷의 그림에 '누가', '무엇을 했는지'를 설명하면 되지만, 다소 복잡한 내용일 경우에는 '어째서' 그 행동을 하고 있는지도 설명할 것. 여기서는 「外を歩くのは寒いので(바깥을 걷는 것은 춥기 때문에)」차를 탔다, 「とても車を動かせる状況ではない(차를 도저히 움직일 수 있는 상황이 아니)」기 때문에 걸어서 돌아갔다 등의 표현이다.

• '기승전결'이 있는 이야기의 경우, 접속사를 제대로 사용하면 정리가 된다. 여기서는 세 번째 그림에서 「しかし」, 네 번째 그림에서 「結局」 등이 사용되었다.

실전문제 도전

〈제5회〉 165 제**7**부

1

2

3

4

💡（30秒）→ 発信音 → 🎤（90秒）　　終わりです

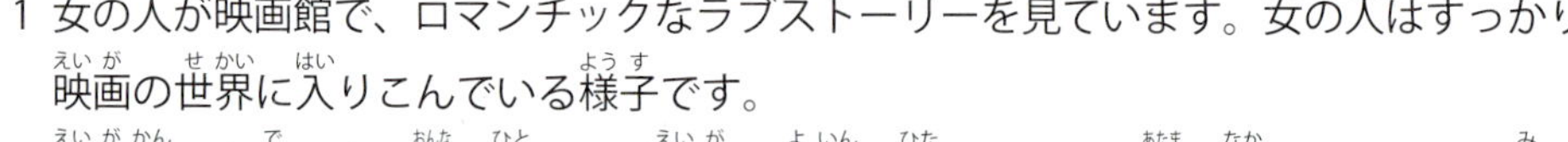

1 女の人が映画館で、ロマンチックなラブストーリーを見ています。女の人はすっかり
映画の世界に入りこんでいる様子です。

2 映画館から出てきた女の人はまだ映画の余韻に浸っていて、頭の中では、さっき見た
ロマンチックな映画の主人公になりきっています。

3 その時、後ろから男の人に肩を叩かれました。まだ映画の中の世界にいる女の人は、
映画に出てきたようなかっこいい男の人がバラを持って自分に声を掛けてくれたの
だと思って、わくわくしながら振り返りました。

4 その期待も虚しく、男の人は女の人にスポーツジムの勧誘をしてきました。チラシ
を女の人に渡しながら話しています。現実はこんなものかと思って、女の人はがっ
かりしています。

1 여자가 영화관에서 로맨틱한 러브스토리를 보고 있습니다. 여자는 완전히 영화세계에 빠져든 듯 합니다.

2 영화관에서 나온 여자는 아직 영화의 여운에 잠겨서 머리속에서는 자기가 아까 본 로맨틱한 영화의 주인공
이 되어 있습니다.

3 그 때 뒤에서 남자가 어깨를 쳤습니다. 아직 영화 속 세계에 있는 여자는 영화에 나왔던 것 같은 멋진 남자
가 장미를 가지고 자기에게 말을 걸어온 것 같아서 설레는 마음으로 뒤를 돌아봤습니다.

4 그 기대도 공허하게 남자는 여자에게 스포츠센터 권유를 해 왔습니다. 전단지를 여자에게 주면서 권유하고
있습니다. 현실은 이런 것인가 하고 여자는 실망하고 있습니다.

어휘 　ロマンチックだ 로맨틱하다　ラブストーリー 러브스토리　すっかり 완전히
入り込む 안으로 들어가다, 깊숙이 들어가다　余韻に浸っている 여운에 잠겨있다
肩を叩く 어깨를 치다　声を掛ける 말을 걸다　わくわくする 설레다, 두근거리다
振り返る 뒤돌아보다　虚しい 공허하다, 허무하다　勧誘 권유　がっかりする 실망하다

핵심포인트 잡기

• 제4회의 문제와 마찬가지로 기승전결 형식의 스토리이다. '기', '승' 부분인 1과 2에서는 이
야기의 움직임이 거의 없기 때문에 등장인물과 배경 설명을 상세하게 하자.

• 등장인물의 마음을 나타내기 위해 「わくわく」와 「がっかり」등 의태어를 효과적으로
사용하고 있다.

고득점을 향한 전략

SJPT 어휘 포인트

■ 사람의 행동이나 마음을 표현하는 의태어

제7부에서는 등장인물의 행동이나 마음을 설명한다. 일상적으로 자주 사용하는 의태어를 복습해 보자.

わくわくする 설레다	どきどきする 두근두근하다
うきうきする 들뜨다	はらはらする 조마조마하다
いらいらする 짜증나다, 초조하다	がっかりする 실망하다
くすくす笑う 킥킥 웃다	げらげら笑う 껄껄 웃다
ぱくぱく食べる 마구 먹다	もぐもぐ食べる 우물우물 먹다
とぼとぼ歩く 뚜벅뚜벅 걷다	すたすた歩く 총총걸음으로 걷다

SJPT 문법 포인트

■ 접속표현

4컷 그림을 잇는 접속표현에 대해 확인해 보자.

[순접]

そして 그리고	それで 그래서	それから 그리고 나서	その後で 그 후에
すると 그러자			

[역접]

ところが 그런데	それなのに 그런데도	そうかと思ったら 그럴까 했더니

[결과]

結局 결국	最後には 마지막에는		

상급학습자의 응답예

응답예

① 会社員の田中さんは毎朝コーヒーを飲みながらニュースで天気を確認します。今日の天気は晴れで、マイナス10度ということでした。

② 天気が晴れていたので田中さんはいつものように車で会社に行くことにしました。

③ それで会社に着きましたが、午後からは雪が降り始め、だいぶ積もり、車が動けなくなりました。

④ 夜になり、退勤時間になっても雪が降り続いていたので、田中さんはやむを得ず車を会社において歩いて帰ることにしました。

① 회사원인 다나카씨는 매일 아침 커피를 마시면서 뉴스로 날씨를 확인합니다. 오늘 날씨는 맑고 영하 10도라고 합니다.

② 날씨가 맑았기 때문에 다나카 씨는 언제나처럼 차로 회사에 가기로 했습니다.

③ 그래서 회사에 도착했지만 오후부터 눈이 내리기 시작해 꽤 쌓여서 차가 움직일 수 없게 되었습니다.

④ 밤이 되어, 퇴근시간이 되어도 눈이 계속 내리고 있었기 때문에 다나카 씨는 어쩔 수 없이 차를 회사에 두고 걸어서 돌아가기로 했습니다.

저자 해설

- 이 응답예처럼 주인공의 이름을 붙여서 이야기해도 좋습니다.
- 주인공의 행동을 중심으로 이야기하고 있어서 이야기의 흐름도 매끄럽지만 너무 심플합니다. 여유가 있다면 적어도 '각 장면 2문장'은 이야기할 수 있도록 합시다. 여기서는 주인공의 심정을 상상해서 추가하면 스토리가 더 잘 전달될 것입니다.

MEMO

저자소개

고마츠 나나(小松　奈々)

오차노미즈 여자대학(お茶の水女子大学) 대학원 일본어교육과정 수료

일본어OPI(구두운용능력 시험) 테스터 자격 취득

서울대학교 언어교육원 언어능력측정센터 연구원

SJPT 한권으로 합격하기

초판인쇄	2013년 7월 15일
1판 7쇄	2025년 4월 25일

저자	고마츠 나나(小松奈々)
책임 편집	조은형, 김성은, 오은정, 무라야마 토시오
펴낸이	엄태상
콘텐츠 제작	김선웅, 장형진
마케팅	이승욱, 노원준, 조성민, 이선민
경영기획	조성근, 최성훈, 김로은, 최수진, 오희연
물류	정종진, 윤덕현, 신승진, 구윤주

펴낸곳	시사일본어사(시사북스)
주소	서울시 종로구 자하문로 300 시사빌딩
주문 및 교재 문의	1588-1582
팩스	0502-989-9592
홈페이지	www.sisabooks.com
이메일	book_japanese@sisadream.com
등록일자	1977년 12월 24일
등록번호	제 300-2014-92호

ISBN 978-89-402-9112-2 18730

시사일본어사

취업/승진 성공비법, 일본어 말하기 시험

SJPT

SJPT 응시자들의
궁금증까지 속 시원히 꿰뚫었다!

3단계 **독학** 학습법

한 권으로 합격하기

실전모의
테스트

시사일본어사

SJPT
모의테스트
제1회

음성 듣기

ここでは4つの問題について質問されます。

発信音がなったら、各問題に答えてください。では、始めます。

問題1　お名前はなんとおっしゃいますか。

　　　発信音 ＿＿＿＿＿＿＿＿＿（10秒）＿＿＿＿＿＿＿＿＿ 終わりです

問題2　どこに住んでいますか。

　　　発信音 ＿＿＿＿＿＿＿＿＿（10秒）＿＿＿＿＿＿＿＿＿ 終わりです

問題3　誕生日はいつですか。

　　　発信音 ＿＿＿＿＿＿＿＿＿（10秒）＿＿＿＿＿＿＿＿＿ 終わりです

問題4　趣味は何ですか。

　　　発信音 ＿＿＿＿＿＿＿＿＿（10秒）＿＿＿＿＿＿＿＿＿ 終わりです

ここでは4つの問題について質問されます。

この問題は、絵を見ながら簡単な質問に答える問題です。まず、絵を見ながら例題を聞いてください。

　例　題　今、何時ですか。

　応答例　今は1時10分です。

発信音の後の応答時間は6秒です。では、始めます。

問題1

（3秒）　発信音 ________________（6秒）________________　　終わりです

問題2

（3秒）　発信音 ________________（6秒）________________　終わりです

問題3

（3秒）　発信音 ________________（6秒）________________　終わりです

問題4

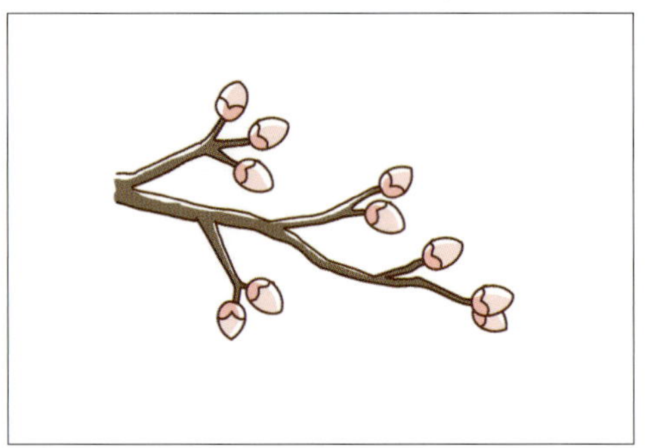

（3秒）　発信音 ________________（6秒）________________　終わりです

この問題は短い対話形式で行われます。場面を表す絵がありますから、その絵を見ながら話し相手が対話を始めるところを聞いてください。発信音がなったら、相手の言ったことに対して返答してください。まず、例題を聞いてください。

例　題　おひさしぶりです。お元気ですか。

応答例　はい、おかげさまで元気です。

発信音の後の応答時間は15秒です。では、始めます。

問題1

（2秒）発信音 ________________ （15秒） ________________ 終わりです

問題2

（2秒）発信音 ________________________（15秒）________________________ 終わりです

問題3

（2秒）発信音 ________________________（15秒）________________________ 終わりです

問題4

（2秒）発信音 ________________________（15秒）________________________ 終わりです

（2秒）　発信音　――――――――――――（15秒）――――――――――――　終わりです

第4部　短い応答 170

ここでは身近な5つの問題について質問されます。発信音がなったら、問題に答えてください。あなたの日本語能力を正しく判断できるよう、できるだけ詳しく答えてください。
まず、例題と2つの応答例を聞いてください。

例　　題	あなたはどんなスポーツが好きですか。	

例　　題　あなたはどんなスポーツが好きですか。

応答例A　私はテニスが好きです。見るのも好きだし、するのも好きです。

応答例B　私はボールを使うスポーツなら何でも好きです。
サッカーや野球はテレビでもよく見ますし、時々スタジアムに応援にも行きます。また、テニスは中学校から高校までクラブに入っていましたので、ある程度できるし、今でも暇があれば友達とやっています。

どちらの応答例も正解ですが、2つ目の応答例の方がより詳しく高得点の対象になります。
発信音の後の応答時間は各問題につき25秒です。では、始めます。

問題1

（15秒）　発信音 ＿＿＿＿＿＿＿＿＿＿（25秒）＿＿＿＿＿＿＿＿＿＿　終わりです

問題2

（15秒）　発信音 ＿＿＿＿＿＿＿＿＿＿（25秒）＿＿＿＿＿＿＿＿＿＿　終わりです

問題3

（15秒）　発信音 ＿＿＿＿＿＿＿＿＿＿（25秒）＿＿＿＿＿＿＿＿＿＿　終わりです

問題4

（15秒）　発信音 ＿＿＿＿＿＿＿＿＿＿（25秒）＿＿＿＿＿＿＿＿＿＿　終わりです

問題5

（15秒）　発信音 ＿＿＿＿＿＿＿＿＿＿（25秒）＿＿＿＿＿＿＿＿＿＿　終わりです

ここでは4つの問題について質問されます。それらについてあなたの意見を述べてください。
発信音がなったら、問題に答えてください。あなたの日本語能力を正しく判断できるよう、
できるだけ具体的に意見を述べてください。まず、例題と2つの応答例を聞いてください。

例　　題　自分の子供を学校に通わせず、自宅で自由に勉強させる「ホームスクー
　　　　　リング」を選択する親がいますが、あなたはホームスクーリングに賛成
　　　　　ですか、反対ですか。

応答例A　私はホームスクーリングに賛成です。私は子供の頃、学校に通うのが大
　　　　　変だと思うことが多かったです。自宅で自分の好きなときに勉強できた
　　　　　ら子供にとって楽だと思います。

応答例B　私はホームスクーリングに反対です。なぜなら、学校というところはた
　　　　　だ勉強をしにいくだけの場所ではなく、それ以上の意味を持つと考える
　　　　　からです。成長著しい青少年期に、子供たちは協調性や社会性を身につ
　　　　　けていきますが、それらは主に家庭ではなく学校で学ぶものです。子供
　　　　　たちから大事な成長の機会を奪ってしまうという意味で、私はホームス
　　　　　クーリングに反対します。

どちらの応答例も正解ですが、2つ目の応答例の方がより詳しく高得点の対象になります。
発信音の後の応答時間は各問題につき50秒です。では、始めます。

問題1

（30秒）　発信音 ＿＿＿＿＿＿＿＿＿＿＿（50秒）＿＿＿＿＿＿＿＿＿＿＿　終わりです

問題2

（30秒）　発信音 ＿＿＿＿＿＿＿＿＿＿＿（50秒）＿＿＿＿＿＿＿＿＿＿＿　終わりです

問題3

（30秒）　発信音 ＿＿＿＿＿＿＿＿＿＿＿（50秒）＿＿＿＿＿＿＿＿＿＿＿　終わりです

問題4

（30秒）　発信音 ＿＿＿＿＿＿＿＿＿＿＿（50秒）＿＿＿＿＿＿＿＿＿＿＿　終わりです

ここでは3つの異なる場面から質問されます。場面設定は絵と説明文で示されます。場面設定の説明文を聞いた後、考える時間は30秒あります。その後、発信音がなったら発話してください。より高いレベルの会話力が測れるよう、できるだけ多く発話してください。

発信音の後の応答時間は40秒です。では、問題1から聞いてください。

問題1

（30秒）　発信音 ________________________(40秒)________________________　　終わりです

問題2

（30秒）　発信音 ________________________(40秒)________________________　　終わりです

（30秒）　発信音 ______________________ (40秒) ______________________ 　終わりです

ここでは連続した4つの絵を描写します。
連続した4つの絵を見たあとに、その絵のストーリーを説明してもらいます。まず、次の4つ
の絵をよく見てください。(30秒)

1

2

3

4

では、今からこの連続した4つの絵にどんなことが描かれているか説明してもらいます。
90秒でできるだけ詳しく話してください。発信音がなったら、絵の説明を始めてく
ださい。

（5秒）　発信音　＿＿＿＿＿＿＿＿＿＿（90秒）＿＿＿＿＿＿＿＿＿＿　

これでテストは終了です。最後に、このテストについて話したいことがありました
ら自由に話してください。時間は発信音の後、30秒あります。

（2秒）　発信音　＿＿＿＿＿＿＿＿＿＿（30秒）＿＿＿＿＿＿＿＿＿＿　

どうも、お疲れ様でした。

Spoken
Japanese
Proficiency
Test

SJPT
모의테스트
제2회

ここでは4つの問題について質問されます。

発信音がなったら、各問題に答えてください。では、始めます。

問題1　お名前はなんとおっしゃいますか。

　　　　発信音 ＿＿＿＿＿＿＿＿＿＿（10秒）＿＿＿＿＿＿＿＿＿　終わりです

問題2　どこに住んでいますか。

　　　　発信音 ＿＿＿＿＿＿＿＿＿＿（10秒）＿＿＿＿＿＿＿＿＿　終わりです

問題3　誕生日はいつですか。

　　　　発信音 ＿＿＿＿＿＿＿＿＿＿（10秒）＿＿＿＿＿＿＿＿＿　終わりです

問題4　趣味は何ですか。

　　　　発信音 ＿＿＿＿＿＿＿＿＿＿（10秒）＿＿＿＿＿＿＿＿＿　終わりです

ここでは4つの問題について質問されます。

この問題は、絵を見ながら簡単な質問に答える問題です。まず、絵を見ながら例題を聞いてください。

　　　例　題　今、何時ですか。

　　　応答例　今は1時10分です。

発信音の後の応答時間は6秒です。では、始めます。

問題1

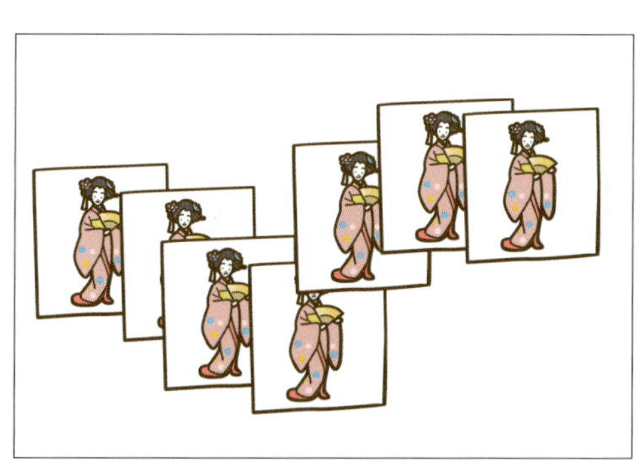

（3秒）　発信音 ________________________ (6秒) ________________________　　終わりです

問題2

（3秒）　発信音 ________________________（6秒）________________________　終わりです

問題3

（3秒）　発信音 ________________________（6秒）________________________　終わりです

問題4

（3秒）　発信音 ________________________（6秒）________________________　終わりです

この問題は短い対話形式で行われます。場面を表す絵がありますから、その絵を見ながら話し相手が対話を始めるところを聞いてください。発信音がなったら、相手の言ったことに対して返答してください。まず、例題を聞いてください。

> **例　題**　おひさしぶりです。お元気ですか。
>
> **応答例**　はい、おかげさまで元気です。

発信音の後の応答時間は15秒です。では、始めます。

問題1

（2秒）発信音 ＿＿＿＿＿＿＿＿＿＿（15秒）＿＿＿＿＿＿＿＿　終わりです

問題2

（2秒）　発信音 ________________________（15秒）________________________ 終わりです

問題3

（2秒）　発信音 ________________________（15秒）________________________ 終わりです

問題4

（2秒）　発信音 ________________________（15秒）________________________ 終わりです

（2秒）発信音 ________________________ （15秒）________________________ 終わりです

ここでは身近な5つの問題について質問されます。発信音がなったら、問題に答えてください。あなたの日本語能力を正しく判断できるよう、できるだけ詳しく答えてください。
まず、例題と2つの応答例を聞いてください。

例　　題　あなたはどんなスポーツが好きですか。

応答例A　私はテニスが好きです。見るのも好きだし、するのも好きです。

応答例B　私はボールを使うスポーツなら何でも好きです。
サッカーや野球はテレビでもよく見ますし、時々スタジアムに応援にも行きます。また、テニスは中学校から高校までクラブに入っていましたので、ある程度できるし、今でも暇があれば友達とやっています。

どちらの応答例も正解ですが、2つ目の応答例の方がより詳しく高得点の対象になります。
発信音の後の応答時間は各問題につき25秒です。では、始めます。

問題1

(15秒) 発信音 _______________________(25秒)_______________________ 終わりです

問題2

(15秒) 発信音 _______________________(25秒)_______________________ 終わりです

問題3

(15秒) 発信音 _______________________(25秒)_______________________ 終わりです

問題4

(15秒) 発信音 _______________________(25秒)_______________________ 終わりです

問題5

(15秒) 発信音 _______________________(25秒)_______________________ 終わりです

ここでは4つの問題について質問されます。それらについてあなたの意見を述べてください。
発信音がなったら、問題に答えてください。あなたの日本語能力を正しく判断できるよう、
できるだけ具体的に意見を述べてください。まず、例題と2つの応答例を聞いてください。

例　　題　自分の子供を学校に通わせず、自宅で自由に勉強させる「ホームスクー
　　　　　リング」を選択する親がいますが、あなたはホームスクーリングに賛成
　　　　　ですか、反対ですか。

応答例A　私はホームスクーリングに賛成です。私は子供の頃、学校に通うのが大
　　　　　変だと思うことが多かったです。自宅で自分の好きなときに勉強できた
　　　　　ら子供にとって楽だと思います。

応答例B　私はホームスクーリングに反対です。なぜなら、学校というところはた
　　　　　だ勉強をしにいくだけの場所ではなく、それ以上の意味を持つと考える
　　　　　からです。成長著しい青少年期に、子供たちは協調性や社会性を身につ
　　　　　けていきますが、それらは主に家庭ではなく学校で学ぶものです。子供
　　　　　たちから大事な成長の機会を奪ってしまうという意味で、私はホームス
　　　　　クーリングに反対します。

どちらの応答例も正解ですが、2つ目の応答例の方がより詳しく高得点の対象になります。
発信音の後の応答時間は各問題につき50秒です。では、始めます。

問題1

（30秒）　発信音　＿＿＿＿＿＿＿＿＿（50秒）＿＿＿＿＿＿＿＿＿　終わりです

問題2

（30秒）　発信音　＿＿＿＿＿＿＿＿＿（50秒）＿＿＿＿＿＿＿＿＿　終わりです

問題3

（30秒）　発信音　＿＿＿＿＿＿＿＿＿（50秒）＿＿＿＿＿＿＿＿＿　終わりです

問題4

（30秒）　発信音　＿＿＿＿＿＿＿＿＿（50秒）＿＿＿＿＿＿＿＿＿　終わりです

ここでは3つの異なる場面から質問されます。場面設定は絵と説明文で示されます。場面設定の説明文を聞いた後、考える時間は30秒あります。その後、発信音がなったら発話してください。より高いレベルの会話力が測れるよう、できるだけ多く発話してください。

発信音の後の応答時間は40秒です。では、問題1から聞いてください。

問題1

（30秒）　発信音　＿＿＿＿＿＿＿＿＿＿（40秒）＿＿＿＿＿＿＿＿＿　終わりです

問題2

（30秒）　発信音　＿＿＿＿＿＿＿＿＿＿（40秒）＿＿＿＿＿＿＿＿＿　終わりです

（30秒） 発信音 ＿＿＿＿＿＿＿＿＿＿＿（40秒）＿＿＿＿＿＿＿＿＿ 終わりです

第7部　連続した絵

ここでは連続した4つの絵を描写します。

連続した4つの絵を見たあとに、その絵のストーリーを説明してもらいます。まず、次の4つの絵をよく見てください。(30秒)

1

2

3

4

では、今からこの連続した4つの絵にどんなことが描かれているか説明してもらいます。
90秒でできるだけ詳しく話してください。発信音がなったら、絵の説明を始めてくだ
さい。

（5秒）　発信音　＿＿＿＿＿＿＿＿＿＿＿＿（90秒）＿＿＿＿＿＿＿＿＿＿＿　終わりです

これでテストは終了です。最後に、このテストについて話したいことがありましたら
自由に話してください。時間は発信音の後、30秒あります。

（2秒）　発信音　＿＿＿＿＿＿＿＿＿＿＿＿（30秒）＿＿＿＿＿＿＿＿＿＿＿　終わりです

どうも、お疲れ様でした。

Spoken
Japanese
Proficiency
Test

SJPT
모의테스트
제3회

ここでは4つの問題について質問されます。

発信音がなったら、各問題に答えてください。では、始めます。

問題1　お名前はなんとおっしゃいますか。

　　　　発信音 ＿＿＿＿＿＿＿＿＿＿(10秒)＿＿＿＿＿＿＿＿＿＿ 終わりです

問題2　どこに住んでいますか。

　　　　発信音 ＿＿＿＿＿＿＿＿＿＿(10秒)＿＿＿＿＿＿＿＿＿＿ 終わりです

問題3　誕生日はいつですか。

　　　　発信音 ＿＿＿＿＿＿＿＿＿＿(10秒)＿＿＿＿＿＿＿＿＿＿ 終わりです

問題4　趣味は何ですか。

　　　　発信音 ＿＿＿＿＿＿＿＿＿＿(10秒)＿＿＿＿＿＿＿＿＿＿ 終わりです

ここでは4つの問題について質問されます。

この問題は、絵を見ながら簡単な質問に答える問題です。まず、絵を見ながら例題を聞いてください。

例　題　今、何時ですか。

応答例　今は1時10分です。

発信音の後の応答時間は6秒です。では、始めます。

問題1

（3秒）　発信音 ＿＿＿＿＿＿＿＿＿＿＿（6秒）＿＿＿＿＿＿＿＿＿＿＿　　終わりです

問題2

（3秒）　発信音　＿＿＿＿＿＿＿＿＿＿＿＿＿＿（6秒）＿＿＿＿＿＿＿＿＿＿　終わりです

問題3

（3秒）　発信音　＿＿＿＿＿＿＿＿＿＿＿＿＿＿（6秒）＿＿＿＿＿＿＿＿＿＿　終わりです

問題4

（3秒）　発信音　＿＿＿＿＿＿＿＿＿＿＿＿＿＿（6秒）＿＿＿＿＿＿＿＿＿＿　終わりです

この問題は短い対話形式で行われます。場面を表す絵がありますから、その絵を見ながら話し相手が対話を始めるところを聞いてください。発信音がなったら、相手の言ったことに対して返答してください。まず、例題を聞いてください。

例　題　おひさしぶりです。お元気ですか。

応答例　はい、おかげさまで元気です。

発信音の後の応答時間は15秒です。では、始めます。

問題1

（2秒）発信音 ________________（15秒）________________ 終わりです

（2秒）　発信音 ＿＿＿＿＿＿＿＿＿＿＿＿（15秒）＿＿＿＿＿＿＿＿＿＿＿　終わりです

問題3

（2秒）　発信音 ＿＿＿＿＿＿＿＿＿＿＿＿（15秒）＿＿＿＿＿＿＿＿＿＿＿　終わりです

問題4

（2秒）　発信音 ＿＿＿＿＿＿＿＿＿＿＿＿（15秒）＿＿＿＿＿＿＿＿＿＿＿　終わりです

問題5

（2秒）　発信音 ________________________（15秒）________________________　終わりです

第4部　短い応答　🎧(184)

ここでは身近な5つの問題について質問されます。発信音がなったら、問題に答えてくださ
い。あなたの日本語能力を正しく判断できるよう、できるだけ詳しく答えてください。
まず、例題と2つの応答例を聞いてください。

例　　題　　あなたはどんなスポーツが好きですか。

応答例A　　私はテニスが好きです。見るのも好きだし、するのも好きです。

応答例B　　私はボールを使うスポーツなら何でも好きです。
　　　　　　サッカーや野球はテレビでもよく見ますし、時々スタジアムに応援にも
　　　　　　行きます。また、テニスは中学校から高校までクラブに入っていました
　　　　　　ので、ある程度できるし、今でも暇があれば友達とやっています。

どちらの応答例も正解ですが、2つ目の応答例の方がより詳しく高得点の対象になります。
発信音の後の応答時間は各問題につき25秒です。では、始めます。

問題1

（15秒）　発信音 ___________________（25秒）___________________ 終わりです

問題2

（15秒）　発信音 ___________________（25秒）___________________ 終わりです

問題3

（15秒）　発信音 ___________________（25秒）___________________ 終わりです

問題4

（15秒）　発信音 ___________________（25秒）___________________ 終わりです

問題5

（15秒）　発信音 ___________________（25秒）___________________ 終わりです

第5部　長い応答 185

ここでは4つの問題について質問されます。それらについてあなたの意見を述べてください。
発信音がなったら、問題に答えてください。あなたの日本語能力を正しく判断できるよう、
できるだけ具体的に意見を述べてください。まず、例題と2つの応答例を聞いてください。

例　　題	自分の子供を学校に通わせず、自宅で自由に勉強させる「ホームスクーリング」を選択する親がいますが、あなたはホームスクーリングに賛成ですか、反対ですか。
応答例A	私はホームスクーリングに賛成です。私は子供の頃、学校に通うのが大変だと思うことが多かったです。自宅で自分の好きなときに勉強できたら子供にとって楽だと思います。
応答例B	私はホームスクーリングに反対です。なぜなら、学校というところはただ勉強をしにいくだけの場所ではなく、それ以上の意味を持つと考えるからです。成長著しい青少年期に、子供たちは協調性や社会性を身につけていきますが、それらは主に家庭ではなく学校で学ぶものです。子供たちから大事な成長の機会を奪ってしまうという意味で、私はホームスクーリングに反対します。

どちらの応答例も正解ですが、2つ目の応答例の方がより詳しく高得点の対象になります。
発信音の後の応答時間は各問題につき50秒です。では、始めます。

問題1

（30秒）　発信音 ＿＿＿＿＿＿＿＿＿＿（50秒）＿＿＿＿＿＿＿＿＿　終わりです

問題2

（30秒）　発信音 ＿＿＿＿＿＿＿＿＿＿（50秒）＿＿＿＿＿＿＿＿＿　終わりです

問題3

（30秒）　発信音 ＿＿＿＿＿＿＿＿＿＿（50秒）＿＿＿＿＿＿＿＿＿　終わりです

問題4

（30秒）　発信音 ＿＿＿＿＿＿＿＿＿＿（50秒）＿＿＿＿＿＿＿＿＿　終わりです

ここでは3つの異なる場面から質問されます。場面設定は絵と説明文で示されます。場面設定の説明文を聞いた後、考える時間は30秒あります。その後、発信音がなったら発話してください。より高いレベルの会話力が測れるよう、できるだけ多く発話してください。

発信音の後の応答時間は40秒です。では、問題1から聞いてください。

問題1

（30秒）　発信音 ＿＿＿＿＿＿＿＿＿＿＿（40秒）＿＿＿＿＿＿＿＿＿　終わりです

問題2

（30秒）　発信音 ＿＿＿＿＿＿＿＿＿＿＿（40秒）＿＿＿＿＿＿＿＿＿　終わりです

問題3

（30秒）　発信音 ＿＿＿＿＿＿＿＿＿＿＿（40秒）＿＿＿＿＿＿＿＿＿　終わりです

ここでは連続した4つの絵を描写します。
連続した4つの絵を見たあとに、その絵のストーリーを説明してもらいます。まず、次の4つの絵をよく見てください。(30秒)

1

2

3

4
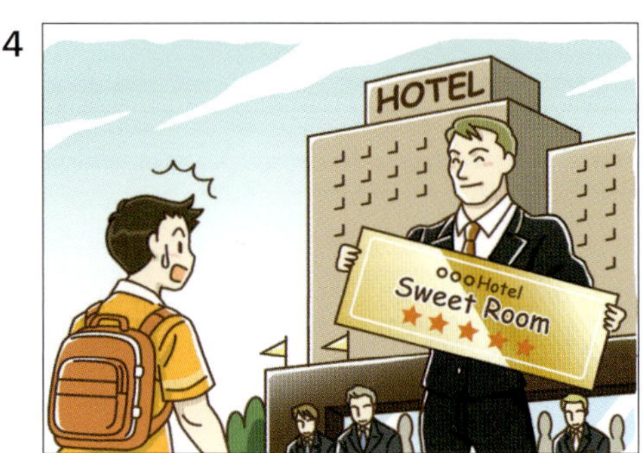

では、今からこの連続した4つの絵にどんなことが描かれているか説明してもらいます。
90秒でできるだけ詳しく話してください。発信音がなったら、絵の説明を始めてくだ
さい。

（5秒）　発信音　＿＿＿＿＿＿＿＿＿＿＿（90秒）＿＿＿＿＿＿＿＿＿＿　

これでテストは終了です。最後に、このテストについて話したいことがありましたら
自由に話してください。時間は発信音の後、30秒あります。

（2秒）　発信音　＿＿＿＿＿＿＿＿＿＿（30秒）＿＿＿＿＿＿＿＿＿＿　

どうも、お疲れ様でした。

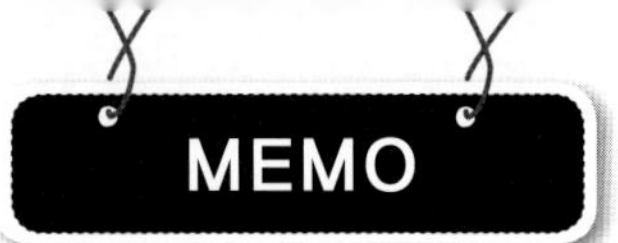

MEMO

SJPT
모의테스트
스크립트

SJPT 모의테스트 제1회 (응답예)

第2部

問題1　何号室ですか。

521号室です。

몇 호실입니까?

521호실입니다.

問題2　女の人の仕事は何ですか。

秘書です。

여자의 직업은 무엇입니까?

비서입니다.

問題3　コーヒーは熱いですか。

いいえ、熱くありません。冷たいです。

커피는 뜨겁습니까?

아니요, 뜨겁지 않아요. 차가워요.

問題4　花は咲いていますか。

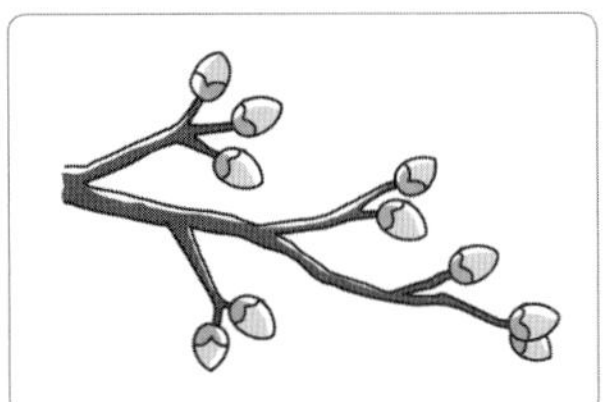

いいえ、まだ咲いていません。

꽃은 피었습니까?

아니요, 아직 피지 않았습니다.

第3部

問題1　もうすぐ会議ですね。準備はしましたか。

はい、資料と飲み物の準備をしておきました。

이제 곧 회의네요. 준비는 했습니까?

네, 자료와 음료수는 준비를 해 두었습니다.

問題2　今日の午後は、雨が降るそうですよ。

そうですか。早く帰って洗濯物を入れないと。

오늘 오후에는 비가 온대요.

그래요? 빨리 집에 가서 빨래 걷어야겠네.

問題3　大丈夫ですか。顔色が悪いですよ。

괜찮아요? 안색이 안 좋아요.

어제 과음해서 속이 안 좋아요.

🎧 195

問題4　すみませんが、食べ物は持って入ることはできません。

죄송하지만, 음식은 가지고 들어 갈 수 없습니다.

알겠어요. 입구에서 버리고 들어갈게요.

🎧 196

問題5　借りている本、もう少し借りていてもいいですか。

빌린 책, 조금 더 빌려도 될까요?

그렇게 하세요, 당장 필요한 책 아니니까요.

第4部

🎧 197

問題1　あなたは料理を作るのが好きですか。説明してください。

> 私は料理を作るのが好きな方です。小さいころから母親が料理を作っているのを横で見て、簡単なものは覚えました。大学に入って一人暮らしを始めてから、食費を節約するためにうちでよく作るようになりました。得意な料理はキムチチゲです。

당신은 요리를 만드는 것을 좋아합니까? 설명해 보세요.

저는 요리를 만드는 것을 좋아하는 편이에요. 어릴 때부터 어머니가 요리를 만들고 있는 것을 옆에서 보고 간단한 것은 배웠어요. 대학에 들어가서 혼자 살면서부터 식비를 절약하기 위해 집에서 자주 만들게 되었어요. 잘하는 요리는 김치찌개예요.

🎧 198

問題2　遊びに行くとしたら、山と海とどちらがいいですか。その理由は？

> 夏に行くなら、海の方がいいです。夏はとても暑いですが、海で泳いだり、浜辺でスイカを食べたり、本を読んだり、楽な気持ちで楽しめるのでいいです。山は空気はきれいですが、登らなければならないのでちょっと大変なイメージがあります。

놀러 간다면 산과 바다, 어느 쪽이 좋습니까? 그 이유는?

여름에 간다면 바다가 좋아요. 여름은 매우 덥지만, 바다에서 수영한다든지 해변에서 수박을 먹는다든지 책을 읽는다든지 해서 편안한 마음으로 즐길 수 있어서 좋아요. 산은 공기는 깨끗하지만, 올라가야 하기 때문에 좀 힘들 것 같은 이미지가 있어요.

問題3　外国語が上手になるために、どんな方法がありますか。説明してください。

私は英語を勉強するときに、好きなドラマをたくさん見ました。教科書を読むだけでは、実際に生活でよく使われる表現やその使い方がよくわかりませんが、ドラマからは自然な表現がたくさん習えます。登場人物が話すのと同時に、自分でも何回も話してみます。

외국어를 잘 하기 위해서 어떤 방법이 있습니까? 설명해 보세요.

저는 영어를 공부할 때 좋아하는 드라마를 많이 봤어요. 교과서를 읽는 것만으로는 실제생활에서 자주 사용되는 표현이나 그 사용법을 잘 이해할 수 없지만, 드라마에서는 자연스러운 표현을 많이 배울 수 있어요. 등장인물이 말하는 것과 동시에 스스로 몇 번이고 말해 보곤 해요.

問題4　一番記憶に残っている学校の先生はどんな先生ですか。説明してください。

小学校5年生の時の担任の先生が一番記憶に残っています。30代の男の先生でしたが、いつも私達と一緒に給食を食べたり、昼休みにはサッカーをしたりしてくれました。でも怒ると他のどの先生よりも怖かったです。私も何回も怒られたことがあります。

가장 기억에 남는 학교 선생님은 어떤 선생님입니까? 설명해 보세요.

초등학교 5학년 때 담임 선생님이 가장 기억에 남아요. 30대 남자 선생님이었는데 항상 저와 함께 급식을 먹고, 점심시간에는 축구를 하기도 했거든요. 하지만 화를 내면 다른 어떤 선생님 보다 무서웠어요. 저도 몇 번이고 야단맞은 적이 있어요.

問題5　もし、外国に住むとしたら、どの国に住みたいですか。その理由は？

私はスイスに住みたいです。なぜかというと、私が好きな作家がスイスの田舎の町を舞台にした小説を書いていて、その本を読みながら私もそこに住んでみたいなあと思ったからです。あと、チョコレートとチーズが好きなので、たくさん食べたいという理由もあります。

만약에 외국에 산다면 어느 나라에 살고 싶습니까? 그 이유는?

저는 스위스에 살고 싶어요. 왜냐하면 제가 좋아하는 작가가 스위스의 시골 마을을 무대로 한 소설을 써서, 그 책을 읽으면서 저도 그곳에서 살아 보고 싶었기 때문이에요. 그리고 초콜릿과 치즈를 좋아하기 때문에 많이 먹고 싶은 이유도 있어요.

第5部

🎧202
問題1 子供は大学生になったら経済的に自立するべきで、海外への語学研修等の費用も自分で負担するべきだという意見がありますが、あなたはこの意見に同意しますか。理由を挙げながら詳しく話してください。

はい、この意見に同意します。子供と言っても大学生は1年生でも18歳で、在学中には法律的にも成人になります。20歳といえば、経済的にだけでなく、精神的にも親から独立するべき、あるいは独立しようと努力するべき年齢です。しかし、現在の大学の学費や物価水準を考えると、完全に自立するためにアルバイトをすると本業である勉強がおろそかになりかねません。ですから、まず子供が親に頼って当たり前という意識を捨てて、学費や生活費の一部だけでも自分で賄おうとする気持ちを持つことが大事だと思います。

아이는 대학생이 되면 경제적으로 자립해야하고, 외국으로 어학연수 등의 비용도 스스로 부담해야한다는 의견이 있습니다만, 당신은 이 의견에 동의합니까? 이유를 들면서 상세하게 말해 보세요.

네, 이 의견에 동의합니다. 아이라고 해도 대학생은 1학년이라면 18살이고, 재학중에는 법률적으로도 성인이 됩니다. 20살이라면 경제적뿐만 아니라 정신적으로도 부모로부터 독립해야만 하고, 혹은 독립하려고 노력해야하는 나이입니다. 그러나 현재 대학학비나 물가수준을 생각하면 완전히 독립하기 위해 아르바이트를 하면 본업인 공부가 소홀해질 수 있습니다. 그러므로 우선 아이가 부모에게 기대는 것이 당연하다는 의식을 버리고, 학비나 생활비의 일부만이라도 스스로 조달하려는 마음다짐이 중요할 것 같습니다

🎧203
問題2 日本では最近、レストランなど外で食事する「外食」に代わって、出来上がった料理を買って家で食べる「中食」というスタイルが人気となっています。人気の理由と中食の必要性について、あなたの考えを述べてください。

最近の不景気の影響で、外食を気軽に楽しめる経済的余裕がどの家庭にもなくなってきたことが、中食が流行る一番の理由だと思います。中食は外食のように場所代や人件費を払う必要がないので、その分割安になって非常に実利的なシステムです。それだけでなく、共働きで忙しい家庭にも、温かい家庭料理と変わらないスタイルの中食はとても便利な存在でしょう。コンビニなどのインスタント食品と比べて栄養という面から見ても、今後の家庭には、中食は必要不可欠になるのではないかと思います。

일본에서는 최근 레스토랑 등 밖에서 식사하는 '외식' 대신에 완성된 요리를 사서 집에서 먹는 '중식'이라는 스타일이 인기입니다. 인기의 이유와 중식의 필요성에 대해서 당신의 생각을 말해 보세요.

최근 불경기 영향으로 외식을 선뜻 즐길 수 있는 경제적 여유가 어느 가정에도 없어지게 된 것이 중식이 유행하는 가장 큰 이유인 것 같습니다. 중식은 외식처럼 장소값이나 인건비를 지불할 필요가 없으므로 그 부분만큼 가격이 저렴해지는 상당히 실리적인 시스템입니다. 그뿐만이 아니라 맞벌이로 바빠진 가정에도 따뜻한 가정요리와 다를 바 없는 스타일의 중식은 아주 편리한 존재일 것입니다. 편의점 등의 인스턴트 식품에 비해서 영양이라는 측면에서 봐도 앞으로 가정에는 중식은 필수불가결이 되지 않을까 싶습니다.

🎧204

問題3 先生の講義を聞くタイプの授業と、学生が主体となって進めるタイプの授業の長所と短所をそれぞれ述べてください。

例えば日本に関連する勉強をする場合、講義タイプの授業は日本の歴史や経済、政治など、講義する先生の知識を十分に吸収したい場合に最適なスタイルだと思います。そして学生が中心となる授業は日本の文化や日本語会話などをテーマに、学生の日常に身近なところから話し合うことによって教師でも予想もできなかった新しい発見があるのが一番の魅力です。前者は受身になってしまうところが、後者はうまくかじ取りをする役割がいないと成果に乏しくなってしまうというところが短所だと思います。

선생님 강의를 듣기만 하는 타입의 수업과 학생이 주체가 되어 진행되는 타입의 수업의 장점과 단점을 각각 말해 보세요.

예를 들면 일본에 관련된 공부를 할 경우 강의타입의 수업은 일본의 역사나 경제, 정치 등 강의하는 선생님의 지식을 충분히 흡수하고 싶은 경우에 최적의 스타일인 것 같습니다. 그리고 학생이 중심이 되는 수업은 일본문화나 일본어회화 등을 테마로 학생의 일상과 가까운 주변의 것부터 서로 이야기함으로써 교사도 예상할 수 없었던 새로운 발견이 있는 것이 가장 큰 매력입니다. 전자는 수동적이 되어버린다는 점이, 후자는 리더를 잘할 수 있는 역할이 없으면 성과가 저조해질 수 있다는 점에서 단점인 것 같습니다.

🎧205

問題4 現在、少年犯罪は少年法によって守られていますが、少年犯罪にも大人と同じように厳罰を取り入れるべきだと考えますか。あなたの考えを詳しく話してください。

私は少年犯罪に厳罰を取り入れるべきだと思います。なぜなら、未成年か成年かというのは法律上決められている年齢であって、その精神の成熟度は個人によって異なると思うからです。現在では、少年と言われる年齢の犯罪者自身が自分の年齢を自覚して犯行に及ぶ場合も少なくありません。個々の犯罪のケースが裁判で正しく判断されるためには、少年法という一律的な規則がその障害となってはいけないと思います。

현재 소년범죄는 소년법에 의해 지켜지고 있습니다만, 소년범죄에도 성인과 마찬가지로 엄벌을 도입해야 한다고 생각합니까? 당신의 생각을 상세하게 말해 보세요.

저는 소년범죄에 엄벌을 도입해야한다고 봅니다. 왜냐하면 미성년인가 성년인가는 법률상 정해져 있는 연령이고 그 정신의 성숙도는 개인에 따라 다르다고 보기 때문입니다. 현재로서는 소년이라고 불리는 연령의 범죄자본인이 자기 연령을 자각해서 범행에 이르는 경우도 적지 않습니다. 개개인의 범죄 사례가 재판으로 올바르게 판단되기 위해서 소년법이라는 일률적인 규칙이 방해가 되어서는 안 된다고 봅니다.

🎧206
問題1 あなたがお世話になった日本人の教授が、今度あなたの住む韓国に遊びに来ることになりました。教授と電話で話して、旅行の案内役を申し出てください。

先生、ご無沙汰しております、日本語サマークラスで先生に教わったパク・ジョンウです。先生、今度韓国にいらっしゃることになったとお聞きしました。ソウルは初めてだそうですが、よろしければ私にソウルを案内させていただけませんか。先生のいらっしゃりたいところ、ご覧になりたいものなどを伺って、ご希望のところにぜひお連れしたいです。私はソウル在住20年ですから、おいしいお店もよく知っていますよ。

당신이 신세진 일본인교수가 이번에 당신이 사는 한국에 놀러 온다고 합니다. 교수와 전화로 이야기해서 여행 안내역을 자청해 주세요.

교수님 오랫동안 연락 못 드렸습니다. 일본어 여름학교에서 교수님에게 배웠던 박정우입니다. 교수님께서 이번에 한국에 오시게 되었다고 들었어요. 서울은 처음이시라는데 괜찮으시다면 제가 서울 안내를 해 드리고 싶은데요. 교수님이 가시고 싶은 곳, 보시고 싶은 것 등을 여쭤보고 희망하시는 곳에 모시고 가고 싶습니다. 저는 서울에서 20년 살았으니까 맛있는 가게도 잘 압니다.

🎧207
問題2 あなたは出版社の社員です。あなたの会社では、ある著名な日本人作家の講演会を企画しています。作家に電話をして、講演の依頼をしてください。

もしもし、わたくし、コリア出版のイムと申します。先生の新しいご本、拝見いたしました。とても素晴らしい教訓ばかりで、感動いたしました。先生は韓国でも熱烈なファンが多いんですよ。実は、私どもの出版社が主催して、先生の今回のご本の内容についての講演会を開きたいと思っているのですが、先生のご意向はいかがでしょうか。

당신은 출판사 직원입니다. 당신의 회사에서는 어느 저명한 일본인 작가의 강연회를 열려고 계획하고 있습니다. 작가에게 전화를 해서 공연의뢰를 해 주세요.

여보세요, 저는 코리아 출판사의 임 이라고 합니다. 선생님의 새 책 봤습니다. 아주 멋진 교훈이 많아서 감동했습니다. 선생님은 한국에서도 열렬한 팬이 많아요. 실은 저희 출판사가 주최해서 선생님의 이번 책 내용에 대해 강연회를 열고 싶습니다만, 선생님의 의향은 어떠신지요?

問題3　あなたは友達と話しているときに、コーヒーを倒して友達の大事にしている本を汚してしまいました。友達に謝ってください。

あっ！ごめん！大丈夫？コーヒー、服にかからなかった？うっかりしてて倒しちゃった……。あ あこの本、濡れちゃってどうしよう。大事にしてた本だよね。ほんとにごめん。コーヒーがかかったところを拭いて乾かして、それでもだめなら同じ本を買ってすぐ返すようにするよ。だから許して！

당신은 친구와 이야기 하던 중, 커피를 쏟아서 친구가 아끼던 책을 더럽혔습니다. 친구에게 사과해 주세요.

앗! 미안. 괜찮아? 커피, 옷에 튀지 않았어? 멍하니 있다가 쏟아 버렸어…. 그런데 이 책 젖어서 어떡하지? 아끼던 책인거지. 정말 미안해. 커피가 튄 곳을 닦고 말려서 그래도 안 되면 같은 책 사서 바로 주도록 할게. 그러니까 용서해 줘!

1 女の人は美容院に行って髪を切ってもらいました。新しいヘアスタイルになって、女の人もこの髪型が気に入っているようです。

2 それから女の人は家に帰ってきて、もう一度美容院でやってもらったのと同じようにセットしようとしましたが、自分でやってみたらなんだかうまくいきません。

3 髪の毛のバランスが悪いのかと思って、なんと女の人は自分で髪の毛をちょっと切り始めてしまいました。

4 髪の毛を自分でセットするのに失敗した女の人は、結局、切りかけのボサボサの頭のまま、美容院にもう一度予約を入れました。電話を取った美容院の人も、あきれています。

1 여자는 미용실에 가서 머리를 잘랐습니다. 새로운 헤어 스타일에 여자도 이 헤어스타일이 마음에 든 듯합니다.

2 그리고 나서 여자는 집에 돌아와서, 한 번 더 미용실에서 해 준 것과 똑같이 세트해 보려고 했습니다만, 왠지 자기가 해 보니 잘 되지 않습니다.

3 머리 밸런스가 나쁜가 해서 이런~ 여자는 자기가 자기 머리를 좀 잘라 봤습니다.

4 결국 자기가 머리를 세트하는 것에 실패한 여자는 자르다만 부스스한 머리 그대로 미용실에 한 번 더 예약을 했습니다. 전화를 받은 미용실 사람도 어이없어 합니다.

第2部

問題1　コピーは何枚ありますか。

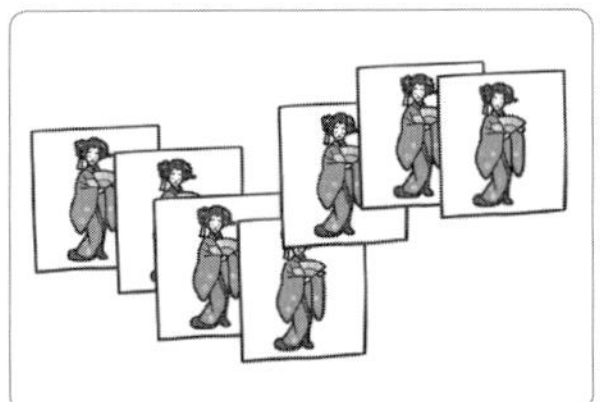

7枚あります。

복사는 몇 장 있습니까?

7장 있습니다.

問題2　男の人は週末、何をしましたか。

山に登りました。

남자는 주말에 무엇을 했습니까?

등산했습니다.

問題3　犬はどこにいますか。

ベンチの横にいます。

개는 어디에 있습니까?

벤치 옆에 있습니다.

問題4　男の人はなぜ笑っていますか。

漫画がおもしろくて笑っています。

남자는 왜 웃고 있습니까?

만화가 재미있어서 웃고 있습니다.

第3部

問題1　今日は朝から暑いですね。

そうですね。今日は30度になるそうですよ。

오늘은 아침부터 덥네요.

그러네요. 오늘은 30도가 된대요.

問題2　髪型変えましたか。似合っていますね。

ありがとうございます。暑いので切ったんです。

헤어 스타일 바꿨습니까? 어울리네요.

고마워요. 더워서 잘랐어요.

問題3　山本さんと佐藤さん、今度結婚するそうですね。

わあ、本当ですか。何かプレゼントしたいですね。

야마모토 씨와 사토 씨, 이번에 결혼한대요.

와우, 정말이에요? 무언가 선물하고 싶네요.

問題4　部長が呼んでいましたよ。

わかりました、すぐ行きます。

부장님이 불렀어요.

알겠습니다. 바로 가겠습니다.

問題5　いつから気持ちが悪いですか。

昨日の夜から食欲がなくて、気持ち悪いんです。

언제부터 속이 안 좋습니까?

어제 저녁부터 식욕이 없고 속이 안 좋아요.

第4部

問題1　家に帰ってから寝る前までに、どんなことをしますか。説明してください。

私は家に帰ったらまず、何もしないでソファで少しの間休みます。それから簡単に夕ごはんを食べて、やらなければいけない宿題やレポートを終わらせます。宿題がないときは、友達に電話をしたりゲームをしたりして過ごします。ベッドに入ったら、小説を少し読んでから寝ます。

집에 돌아가서 자기 전까지 어떤 일을 합니까? 설명해 보세요.

저는 집에 돌아가면 우선, 아무것도 하지 않고 소파에서 조금 쉬어요. 그리고 나서 간단하게 저녁을 먹고, 해야 할 숙제나 레포트를 끝내요. 숙제가 없을 때는 친구에게 전화를 한다든지 게임을 한다든지 해서 시간을 보내요. 침대에 들어가면 소설을 조금 읽다가 자요.

問題2　友達が韓国に来たら、どこを案内したいですか。その理由は？

外国の友達を必ず連れて行きたいところは、やっぱり韓国の歴史が感じられるところです。特に昌徳宮は庭がきれいなので見せてあげたいです。あとは、おいしい韓国料理の店にも案内したいです。ガイドブックに載っていないような、韓国人だけが知っている店なら喜んでくれそうです。

친구가 한국에 온다면 어디를 안내하고 싶으세요? 그 이유는?

외국인 친구를 꼭 데려가고 싶은 곳은 역시 한국의 역사가 느껴지는 곳이에요. 특히 창덕궁은 정원이 아름다워서 보여주고 싶어요. 그 다음은 맛있는 한국요리가게에도 안내하고 싶어요. 가이드북에 실려 있지 않은 한국인만이 아는 가게라면 기뻐할 것 같아요.

問題3 あなたが他の人よりうまくできないと思うことは何ですか。説明してください。

私はボールを使う競技が本当に苦手です。小学校の体育の授業でバレーボールをやったときも、休み時間にサッカーをやったときも、いつも一緒のチームの人に迷惑をかけていました。どうして苦手なのか、自分でもよくわかりません。でもボールが飛んでくると、怖いと感じてしまいます。

당신이 다른 사람보다 잘 못하는 것은 무엇입니까? 설명해 보세요.

저는 공을 사용하는 경기를 정말 못해요. 초등학교 체육수업에서 배구를 했을 때도, 쉬는 시간에 축구를 했을 때도 늘 같은 팀원들에게 민폐였어요. 왜 못하는 걸까? 스스로도 잘 모르겠어요. 왠지 공이 날아오면 무서워요.

問題4 宿題が多いこととテストが多いこと、どちらが嫌ですか。その理由は？

私は宿題が多い方が嫌です。宿題は自分で考える勉強ではなくて、やりたくないものでも量が決まっていてやらなければならないからです。反対に、テストは終わったあとで自分の実力を知ることができるし、勉強の方法も自分で決められるから好きです。

숙제가 많은 것과 테스트가 많은 것, 어느 쪽을 싫어합니까? 그 이유는?

저는 숙제가 많은 것을 싫어해요. 숙제는 자기가 생각하는 공부가 아니라 하고 싶지 않은 것이라도 양이 정해져 있어서 하지 않으면 안되기 때문이에요. 반대로 테스트는 끝난 후에도 자기 실력을 알 수 있고 공부방법도 스스로 정할 수 있어 좋아요.

問題5 もし１カ月休みがあったら、どう過ごしたいですか。説明してください。

1カ月の休みがあったら、前半は旅行をして、後半は家で過ごしたいです。旅行は短い時間では行けないところ、例えばヨーロッパとか南アメリカとか、遠いところに行ってみたいです。旅行に行った後はずっと家にいて、忙しくて読めなかった本を読んだりしながらゆっくりしたいです。

만약에 한 달 휴가가 있다면 어떻게 지내고 싶습니까? 설명해 보세요.

한 달 휴가가 있다면 전반에는 여행을 하고, 후반에는 집에서 지내고 싶어요. 여행은 짧은 시간으로는 갈 수 없는 곳, 예를 들어 유럽이나 남아메리카 등 먼 곳에 가 보고 싶어요. 여행을 갔다 온 후에는 쭉 집에 있으면서 바빠서 못 읽었던 책을 읽는다든지 하면서 푹 쉬고 싶어요.

224

問題1　携帯電話はいつでもどこでも連絡が取れるという長所がありますが、夜や週末など仕事がないときにも緊急の仕事の電話は取るべきだという考えにあなたは同意しますか。あなたの考えを詳しく述べてください。

私は緊急時であっても、仕事時間外に仕事の電話やメールには応えなくていいと思います。いつでも連絡することができれば、確かに仕事上の利益は増えるかもしれません。しかし、それと同時に、常に仕事のスイッチが入ったままの生活をすることで、精神に負担がかかってしまいます。人間は一日のうち何時間かはスイッチを切った状態、つまりオフの時間を意識的にでもつくらなければいけません。文明の利器は人間が利用するものであって、機械に人間が支配されてはいけないと思います。

휴대전화는 언제라도 어디서라도 연락을 할 수 있다는 장점이 있습니다만, 밤이나 주말 등 일이 없을 때에도 긴급한 업무전화는 받아야만 한다는 생각에 당신은 동의합니까? 당신의 생각을 상세하게 말해 보세요.

저는 긴급시라도 업무시간외에 업무와 관련된 전화나 메일에는 응답하지 않아도 될 것 같습니다. 언제라도 연락할 수 있다면 업무상 이익은 늘 수도 있습니다. 그러나 그와 동시에 늘 업무 스위치가 들어간 채로 생활을 함으로써 정신에 부담을 끼치고 맙니다. 인간은 하루 동안 몇 시간은 스위치를 끈 상태, 즉 오프의 시간을 의식적으로라도 만들어야 합니다. 문명의 이기는 인간이 이용하는 것으로 기계에 인간이 지배당해서는 안 된다고 봅니다.

225

問題2　昔に比べて、同じ町や近所に住む人たちの繋がりが薄くなってきています。このような状況になった原因と解決策について、あなたの考えを述べてください。

昔と比較して、現代では個人主義が進んだことが一番の原因だと考えられます。昔には「人情」や「助け合い」と呼んでいたものが、現代の人、特に若者には「干渉」や「おせっかい」に変わってしまいました。また、地元の人同士の結婚や両親とともに暮らす夫婦が減り、核家族が増えたことも一因でしょう。この状態を変えるためには、行政やNPO団体が中心となって、若い世代を対象とした地域活動を増やしていくことがひとつの方法だと思います。

옛날에 비해서 같은 동네나 근처에 사는 사람들의 연계가 없어졌습니다. 이러한 현상이 생기게 된 원인과 해결책에 대해서 당신 생각을 말해 보세요.

옛날에 비해 현대에서는 개인주의가 팽배해진 것이 가장 큰 원인이라고 생각됩니다. 옛날에는 '인정'이나 '상부상조'라고 불렸던 것이 현대인, 특히 젊은이에게는 '간섭'이나 '참견'으로 바뀌어 버렸습니다. 그리고 그 지역사람들끼리 결혼이나 부모님을 모시고 사는 부부가 줄어, 핵가족이 증가한 것도 하나의 원인이겠죠? 이 상태를 바꾸기 위해서는 행정이나 NPO단체가 중심이 되어 젊은 세대를 대상으로 한 지역활동을 늘려가는 것이 하나의 방법일 것 같습니다.

問題3　親友と友人はどんな点が違いますか。あなたの考える両者の違いを説明してください。

自分がつらいとき、または相手がつらいときに一緒にいたいと思うかどうかが親友と友人の違いだと私は考えます。家族や自分の病気、お金の問題、恋愛の挫折など、自分の一番弱い部分をさらけ出しても大丈夫だと思える相手が親友で、さらけ出したらどう思われるかと心配になってしまう相手は友人の枠を出ていないのだと思います。友人は楽しい時間を一緒に過ごす気の合った仲間で、親友は楽しいときもつらいときも自分の傍にいてくれる、頼もしい存在です。

친한 친구와 친구는 어떤 점이 다릅니까? 당신이 생각하는 양쪽의 차이를 설명해 보세요.

내가 괴로울 때, 또는 상대가 괴로울 때에 함께 있고 싶은지 어떤지가 벗과 친구의 차이라고 저는 생각합니다. 가족이나 자기의 병, 돈 문제, 연애에서 좌절 등 자기가 가장 약한 부분을 다 드러내도 괜찮다고 생각되는 상대가 벗이고, 다 드러내면 나를 어떻게 생각할까하고 걱정되는 상대는 친구, 그 이상은 아닌 것 같습니다. 친구는 즐거운 시간을 함께 보낼 수 있는 마음이 맞는 동료이고, 벗은 즐거울 때나 괴로울 때도 자기 옆에 있어 주는 든든한 존재입니다.

問題4　子供の才能を伸ばすため、ひとつのことだけを集中的に教育するという方法について、あなたはどう思いますか。あなたの考えを詳しく述べてください。

私はいわゆる英才教育に反対です。確かに他の人よりひいでている能力をいち早く見つけて集中的に教育をすれば、その才能は伸びていくでしょう。国際的な賞をとれるほど成長するかもしれません。しかし、一つのことだけをやってきた人々というのは、その代わりに普通の人が普通に通り過ぎる数々の経験をしないまま成人してしまうことがあります。小さい頃の経験はその人の人格の基礎を作る非常に重要なものです。それらの経験を奪ってまで才能を伸ばすということは、その人の人生まで奪ってしまうことになる恐れがあると思います。

아이의 재능을 개발하기 위해 하나만을 집중적으로 교육하는 방법에 대해 당신은 어떻게 생각합니까? 당신 생각을 상세하게 말해 보세요.

저는 이른바 영재교육에 반대입니다. 하기야 다른 사람보다 뛰어난 능력을 하루 빨리 찾아서 집중적으로 교육을 하면 그 재능은 키워지겠죠. 국제적인 상을 탈 정도로 성장할 수도 있습니다. 그러나 하나만을 해 온 사람들이란 그 대신에 평범한 사람이 자연스럽게 하는 수많은 경험을 하지 못한 채 성인이 되어 버리는 경우가 있습니다. 어릴 때 경험은 그 사람의 인격의 기초를 만드는 아주 중요한 것입니다. 그러한 경험을 빼앗으면서까지 재능을 개발한다는 것은 그 사람의 인생까지 빼앗아 버리는 것이 될 우려가 있을 것 같습니다.

問題1 あなたは大学院生です。指導教授に週末の学会に
ぜひ出席した方がいいと勧められましたが、家
の用事があって行けそうにありません。そのこ
とを教授に伝えてください。

> 先生、週末の学会のことなんですが、実家の方で
> 家族の集まりがあって、ちょっと出席できなさそ
> うなのですが……。せっかくお勧めくださったの
> に申し訳ありません。私自身も、今後の研究のた
> めにぜひ勉強したいと思っていた分野だったので
> 本当に残念です。学会の発表要旨集は後日必ず読
> んでおくようにします。

당신은 대학원생입니다. 지도교수가 주말에 있는 학회에 꼭 출석
하는 것이 좋겠다고 했습니다만, 집에 일이 생겨서 갈 수 없을 것
같습니다. 그것을 교수님께 전해 주세요.

교수님, 주말에 있는 학회말입니다만, 집에서 가족 모임이 있어서 출
석을 못할 것 같습니다만…. 모처럼 권해 주셨는데 죄송합니다. 저
자신도 앞으로의 연구를 위해서 꼭 공부하고 싶었던 분야였기 때문
에 정말 유감스럽습니다. 학회 발표요지집은 나중에 꼭 읽어 두도록
하겠습니다.

問題2 日本へ出張に行くため、1週間ホテルを予約して
いましたが、予定が変わって3日間延長する必要
があります。ホテルに電話して、予約を変更し
てください。

> もしもし、4月3日から10日まで、一週間予約して
> いたハンと申します。予約の変更をしたいと思う
> のですが、今からでも可能でしょうか。あのう、
> 10日までの予定が、3日延びて13日になったのです
> が、13日まで部屋は空いていますでしょうか。で
> きれば同じ部屋でお願いします。

일본에 출장을 가기 위해 일주일간 호텔을 예약했습니다만, 예정
이 바뀌어 3일 연장할 필요가 있습니다. 호텔에 전화해서 예약을
변경해 주세요.

여보세요, 4월 3일부터 10일까지 일주일간 예약한 한이라고 합니다.
예약변경을 하려고 합니다만, 지금부터라도 가능할까요? 저~, 10일
까지의 예정이 삼일 연기되어 13일이 됐습니다만, 13일까지 방은 비
어있을까요? 가능한 한 같은 방으로 부탁드리겠습니다.

問題3　あなたは大学の演劇サークルに入ろうと思っています。あなたの友達は演劇には特に興味がなさそうですが、一人では心細いので友達も一緒に入るように誘ってください。

ねえ、演劇って興味ない？ 私、このサークルちょっとどんな感じかのぞいてみようかと思ってるんだけど、一緒に行ってくれないかな？ ゆきちゃんが演劇に興味ないっていうのは知ってるよ、でも私一人じゃ全然知らない人ばっかりだし心細いからさ。それに、ゆきちゃんも行ってみたら意外と楽しいかもしれないし。ね、お願い。

<남자의 경우> なあ、演劇って興味ない？ 俺、このサークルちょっとどんな感じかのぞいてみようかと思ってるんだけど、一緒に行ってくれないかな？ ひろしが演劇に興味ないっていうのは知ってるよ、でも俺一人じゃ全然知らない人ばっかりだし心細いからさ。それに、ひろしも行ってみたら意外と楽しいかもしれないし。なあ、頼むよ。

당신은 대학의 연극 서클에 들어가려고 합니다. 당신 친구는 연극에는 특별히 흥미가 없는 듯 합니다만, 혼자서는 불안하니까 친구도 같이 들어가도록 권해 보세요.

저기 있잖아, 연극 같은 것 흥미있어? 난 이 서클 어떤지 좀 가 보고 싶은데, 같이 안 갈래? 유키(히로시)가 연극에 흥미 없는 건 알아. 하지만 나 혼자서 전혀 모르는 사람들만 있고 좀 그래서…. 그리고 유키(히로시)도 가 보면 의외로 재미있을지도 몰라. 부탁해.

1 女の人がピアノのコンサートのチケットが2枚あるので一緒に行こうと男の人を誘っています。男の人は特に興味がなさそうです。

2 興味がない男の人に、女の人がどんなにすばらしいピアニストが演奏しにくるのか、一生懸命説明しています。男の人は女の人の熱意に押され気味です。

3 結局男の人は女の人に説得されて、いやいやながらコンサートに行くことになりました。女の人はわくわくしながら舞台を見ています。

4 30分後、あんなに楽しみにしていた女の人は音楽を聞きながら寝てしまいました。反対に、始めは興味がなかった男の人は意外にもコンサートを楽しんでいるようです。

1 여자가 피아노 콘서트 티켓이 두 장 있어서 같이 가자고 남자에게 권하고 있습니다. 남자는 특별히 흥미가 없는 듯 합니다.

2 흥미가 없는 남자에게 여자가 얼마나 멋진 피아니스트가 연주하러 오는지 열심히 설명하고 있습니다. 남자는 여자의 열의에 압도된 듯합니다.

3 결국 남자는 여자에게 설득당하여 마지못해하면서 콘서트를 보러 가기로 했습니다. 여자는 설레하면서 콘서트를 보고 있습니다.

4 30분 후 그렇게 기대하고 있던 여자는 음악을 들으면서 자 버렸습니다. 반대로 처음에는 흥미가 없었던 남자는 의외로 콘서트를 즐기고 있는 듯 합니다.

第2部

問題1　ネクタイは何本ありますか。

3本あります。

넥타이는 몇 개 있습니까?

3개 있습니다.

問題2　女の人は何を着ていますか。

赤いコートを着て、黄色いスカートを履いています。

여자는 무엇을 입고 있습니까?

빨간 코트에 노란색 스커트를 입고 있습니다.

問題3　ホテルまでは近いですか。

いいえ、近くありません。遠いです。

호텔까지는 가깝습니까?

아니요, 가깝지 않습니다. 멉니다.

問題4　ここで走ってもいいですか。

いいえ、ここで走ってはいけません。

여기서 뛰어도 됩니까?

아니요, 여기서 뛰면 안 됩니다.

第3部

問題1　コーヒー飲みませんか。

あ、どうもありがとうございます。ちょうど飲みたかったんです。

커피 안 마실래요?

아~, 고마워요. 마침 마시고 싶었어요.

237

問題2　木曜日の会議、3時から1時に変わったそうですよ。

목요일 회의, 3시에서 1시로 변경되었대요.

그래요? 다른 사람은 이미 알고 있습니까?

 **238**

問題3　今日はどのようなご用件ですか。

오늘은 어떤 용무이십니까?

새로 은행계좌를 만들러 왔습니다.

 **239**

問題4　運転がとても上手ですね。

운전을 아주 잘하시네요.

고마워요. 드라이브가 취미거든요.

 **240**

問題5　どんな部屋がいいですか。

어떤 방이 좋습니까?

크지 않아도 되니까 역에서 가까운 곳이 좋습니다.

第4部

 **241**

問題1　家から学校や職場までどうやって行きますか。説明してください。

집에서 학교나 직장까지 어떻게 갑니까? 설명해 보세요.

먼저 집에서 역까지 멀기 때문에 버스를 타요. 10분 정도 가면 역에 도착해요. 전철은 3호선을 타고 교대역에서 2호선을 갈아타요. 강남역에서 전철에서 내려서 걸어서 5분 정도 걸려요. 집에서 회사까지 아침에는 복잡하니까 1시간, 빠르면 40분 정도 걸려요.

問題2　お金と才能、一つだけもらえるとしたらどちらが欲しいですか。その理由は？

私はお金より才能が欲しいです。お金はいくらたくさんあっても使ったらなくなってしまいますが、才能はずっとなくならないで自分の生活の助けになるからです。私は今、数学とか科学が弱いので、そういう分野の才能があったらいいなと思います。

돈과 재능, 하나만 받을 수 있다면 어느 쪽을 가지고 싶습니까? 그 이유는?

저는 돈보다 재능을 갖고 싶어요. 돈은 아무리 많이 있어도 쓰면 없어져 버리지만, 재능은 쭉 없어지지 않고 자기 생활에 도움이 되기 때문이에요. 저는 지금 수학이나 과학이 약하기 때문에 그런 분야의 재능이 있으면 좋을 것 같아요.

問題3　今の自分の生活の中で一番おもしろいと思う活動は何ですか。説明してください。

今私は大学生ですが、大学のサークル活動が一番おもしろいです。テニスのサークルなんですが、始めはテニスをするより、みんなで集まってお酒を飲んだりするのが楽しかったんですが、最近は練習も一生懸命やっていて、テニス自体がおもしろくなってきました。今度初めて試合にも出ることになりました。

지금 자기 생활 속에서 가장 재미있는 활동은 무엇입니까? 설명해 보세요.

저는 지금 대학생입니다만, 대학서클 활동이 가장 재미있어요. 테니스 서클이지만, 처음에는 테니스를 하는 것 보다 모두 모여서 술을 마신다거나 하는 것이 즐거웠지만, 요즘에는 연습도 열심히 해서 테니스 자체가 재미있어졌어요. 이번에 처음으로 시합에도 출전하게 되었어요.

問題4　あなたが好きな韓国料理は何ですか。ひとつ紹介してください。

私が一番好きな料理はチャプチェです。私は韓国人ですが、辛いものが苦手です。でもチャプチェは韓国料理の中でも辛くなくておいしい料理なので、好きです。作るのは大変ですが、色々な野菜が入っていて健康にもいいし、辛くないので外国人にもお勧めです。

당신이 좋아하는 한국요리는 무엇입니까? 소개해 보세요.

제가 가장 좋아하는 요리는 잡채예요. 저는 한국인입니다만, 매운 것을 잘 못먹어요. 하지만 잡채는 한국요리 중에서도 맵지 않아서 맛있는 요리라서 좋아해요. 만드는 것은 어렵지만 다양한 채소가 들어가서 건강에도 좋고 맵지 않아서 외국인에게도 추천하고 싶어요.

問題5　友達へあげる誕生日プレゼントはどんなものが一番いいと思いますか。その理由は？

私は何か手作りのものをあげるのがいいと思います。買うものだと、その友達が欲しいものじゃないものを買ってしまうかもしれないし、費用もたくさんかかります。手作りのものは温かい感じがするし、自分だけの特別なプレゼントになるから他の人と同じものをあげてしまうこともありません。

친구에게 줄 생일선물은 어떤 것이 가장 좋을 것 같습니까? 그 이유는?

저는 직접 만든 무언가를 주는 것이 좋을 것 같아요. 사는 것이라면 그 친구가 갖고 싶지 않은 것을 사 버릴 수도 있고 비용도 많이 들어요. 직접 만드는 것은 따뜻한 느낌도 들고 자기만의 특별한 선물이 되기 때문에 다른 사람과 같은 것을 주는 일도 없어요.

第5部

🎧 246

問題1 日本にはお中元やお歳暮のように、お世話になった人に贈り物をする習慣があります。しかし、これらは形式的なもので、費用もかかるし、箱や包み紙など資源の無駄でもあるのでやめた方がいいという意見があります。あなたはこの意見に同意しますか。あなたの考えを詳しく述べてください。

私は贈り物の習慣は残されるべきだと思います。もちろん資源の問題は深刻で、過度な包装は控えるべきです。しかし、贈り物は形式的とはいっても人と人の関係を繋ぐ大事なツールだと思います。個人主義が広まった現在、このような習慣すらなくなってしまったら、人の繋がりはさらに薄くなってしまいます。また、このような機会でもないとなかなかデパートで高い商品を買ったりしません。消費を増やして経済を活発にする意味でも、贈り物の習慣は続けるべきだと思います。

일본에는 오츄겐이나 오세보와 같이 평소에 신세진 사람에게 선물을 하는 습관이 있습니다. 그러나 이러한 것들은 형식적이기 때문에 비용도 들고 상자나 포장지 등 자원낭비도 되기 때문에 하지 않는게 좋다는 의견이 있습니다. 당신은 이 의견에 동의합니까? 당신 생각을 상세히 말해 보세요.

저는 선물을 하는 습관은 있어야할 것 같습니다. 물론 자원문제는 심각하고 과도한 포장은 삼가해야만 합니다. 그러나 선물은 형식적이라고 해도 사람과 사람 관계를 잇는 소중한 도구입니다. 또한 이런 기회라도 없으면 백화점에서 비싼 상품을 사거나 하는 일은 좀처럼 없습니다. 소비를 늘려서 경제를 활발하게 하는 의미에서라도 선물을 하는 습관은 계속되어야 한다고 봅니다.

🎧 247

問題2 昔と比べて、テレビの視聴率が下がってきています。この原因についてあなたの考えを詳しく話してください。また、将来人とテレビの関係はどのように変わると思うか、話してください。

現在はインターネットを中心として、発信側と受信側が双方向でコミュニケーションできるツールが主流になってきています。テレビは発信側からの一方通行なツールであるため、受信者である我々が物足りなく感じてきていることが視聴率低下の原因ではないかと思います。最近ではデジタル放送に切り替わったので、今後はある程度受信側も参加できるコンテンツは増えていくと考えられますが、テレビという娯楽自体が昔ほど人の生活に密接ではなくなり、数ある選択肢の一つとなっていくのではないかと思います。

옛날에 비해서 텔레비전 시청률이 내려가고 있습니다. 저하의 원인에 대해 당신의 생각을 상세하게 말해 보세요. 그리고 장래에 사람과 텔레비전의 관계는 어떻게 바뀔 것 같은지 말해 보세요.

지금은 인터넷을 중심으로 발신하는 측과 수신하는 측이 쌍방향으로 커뮤니케이션 할 수 있는 도구가 주류가 되어 있습니다. 텔레비전은 발신하는 측으로부터의 일방통행의 도구이기 때문에 수신자인 우리들이 무언가 미흡하다고 느끼기 시작한 것이 시청률저하의 원인이 아닐까 싶습니다. 최근에 디지털 방송으로 바뀌었기 때문에 앞으로는 수신하는 쪽도 어느 정도 참가할 수 있는 콘텐츠는 늘어날 것이라고 생각할 수 있습니다만, 텔레비전이라는 오락자체가 사람의 생활에 옛날만큼 밀접해지지 않고 수많은 선택지의 하나가 되지 않을까 싶습니다.

問題3　大量の知識を覚えることを重視した教育と、覚える量は少ない代わりに、ものごとの原理や過程を考えることを重視した教育、両者の長所と短所について説明してください。

大量の知識を覚えることは勉強する姿勢が受動的になるという短所もありますが、大量に覚えることによってパターンを見つけ、自分なりの応用に繋がるという長所もあります。原理や過程を考えさせることを重視した教育は本質的な教育であり、考える力が伸びる代わりに原理を理解するまでに多く時間を費やすため、たくさんの事例を見る機会が失われるという短所があります。どちらか一方に偏るのではなく、双方の長所を生かした教育方法を学校では実践していくべきだと思います。

대량의 지식을 배우는 것을 중시한 교육과 배우는 양은 적은 대신에 사물의 원리나 과정을 생각하는 것을 중시한 교육, 양자의 장점과 단점에 대해서 설명해 보세요.

대량의 지식을 배우는 것은 공부하는 자세가 수동적이 된다는 단점도 있습니다만, 대량으로 배움으로써 패턴을 발견해서 자기 나름의 응용으로 이어진다는 장점도 있습니다. 원리나 과정을 생각하게 한다는 것을 중시한 교육은 본질적인 교육이고, 생각하는 힘을 기르는 대신에 원리를 이해할 때까지 많은 시간을 들이기 때문에 많은 사례를 볼 기회를 잃어버린다는 단점이 있습니다. 어느 한 쪽으로 기우는 것이 아니라 쌍방의 장점을 살린 교육방법을 학교교육에서는 실천해 가야 한다고 봅니다.

問題4　原子力発電所の安全性が確保できないという考えから、原子力は今後使わずに新しいエネルギーを模索しようという意見がありますが、あなたはこの意見に賛成ですか、反対ですか。理由を挙げながら詳しく話してください。

私は原子力発電所の継続に基本的には反対します。原子力発電所はいくら安全だといっても、人間の力ではどうしようもできない自然災害には対応することができません。発電所は特に沿岸部に建てられることが多いので、津波に襲われるなどの被害に遭う可能性は十分に考えられます。このような恐れがあるものを絶対という確信がないまま使い続けるのは間違っていると思います。ただし、実際に現代人の生活が原子力発電なしで成立するのか、正確な現状把握とエネルギー計画が立てられなければ、稼動中止にするべきではないと考えます。

원자력발전소의 안전성을 확보할 수 없다는 생각에서 원자력은 앞으로 사용하지 않고 새 에너지를 모색하려고 하는 의견이 있습니다만, 당신은 이 의견에 찬성입니까? 반대입니까? 이유를 들면서 상세하게 말해 보세요.

저는 원자력발전소의 지속에 기본적으로 반대합니다. 원자력발전소는 아무리 안전하다고 해도 인간의 힘으로는 어떻게 할 수 없는 자연재해에는 대응할 수 없습니다. 발전소는 특히 연안지역에 세워지는 경우가 많아서, 쓰나미가 덮치는 등의 피해를 입을 가능성은 충분히 생각할 수 있습니다. 이러한 우려가 있다는 것을 절대적이라는 확신이 없이 계속 사용한다는 것은 잘못된 것 같습니다. 다만 실제로는 현대인의 생활이 원자력발전없이 성립될 수 있는지, 정확한 현상파악과 에너지계획을 세울 수 없다면 가동 중지를 해서는 안 된다고 생각합니다.

🎧 **250**

問題1 引っ越す予定を大家さんに伝えていましたが、新しい家の入居日を勘違いしていたことに気がつきました。大家さんに事情を説明して、あと1週間住むことができるように頼んでください。

あのう、202号室のイですが、引っ越しの予定を少し遅らせることはできませんか。実は、新しい引っ越し先の入居日を、私の勘違いで今日だと思い込んでいたんですが、実際は一週間先だったんです。急で申し訳ありませんが、なんとかあと一週間住めるようにしていただけませんでしょうか。

이사할 예정을 집주인에게 전달했습니다만, 새로 이사갈 집의 입주일을 착각했다는 것을 알게 되었습니다. 집주인에게 사정을 설명하고 앞으로 일주일간 살 수 있도록 부탁해 보세요.

저~, 202호실 이 입니다만, 이사 날짜를 조금 늦출 수는 없을까요? 실은 제가 새로 이사갈 집의 입주일을 착각해서 오늘이라고 알고 있었습니다만, 실제로는 일주일 뒤였습니다. 갑자기 죄송합니다만, 어떻게 앞으로 일주일간 살 수 있도록 해 주시면 안될까요?

🎧 **251**

問題2 担当教授が、あなたの友達と面談の約束をしていましたが、仕事の都合で面談ができなくなりました。教授からの伝言として、この内容を友達に伝えてください。

あのね、沢田教授から伝言なんだけど、今日先生と面談の約束をしてたよね？ それが、今日先生急に会議にご参加されることになって、面談の時間に研究室にいらっしゃることができないんだって。それを伝えておいてって言われたんだ。あとで先生にメールしてみたらどうかな？

담당교수가 당신의 친구와 면담약속을 했습니다만, 일이 생겨 면담을 할 수 없게 되었습니다. 교수님으로부터의 전언으로 이 내용을 친구에게 전해 보세요.

있잖아, 사와다 교수님으로부터의 전언인데 말이야, 오늘 교수님과 면담 약속을 했던 것 맞지? 그게 오늘 교수님이 갑자기 회의에 참가하시게 되어 면담 시간에 연구실로 못 가실 것 같데. 그걸 전해 달라고 하셨어. 나중에 교수님께 메일 해 보는게 어떨까?

問題3　友達が、ぜひ紹介したいと言って写真を見せて
くれた異性が、自分のタイプではありませんで
した。友達に感謝の気持ちを伝えながら、紹介
の話を断ってください。

あのね、この前紹介してあげるって言って写真を
見せてくれた人のことなんだけど……ごめん！正
直言うと、私が思ってたタイプとちょっと違う
の。会ってから断ることになっちゃうよりは、今
断った方がいいかなと思って。彼氏欲しいって言
ってた私のことをせっかく考えてくれたのに、ご
めんね。

<男子の場合> あのさ、この前紹介してあげるっ
て言って写真を見せてくれた子のことなんだけ
ど……ごめん！正直言うと、俺が思ってたタイプ
とちょっと違うんだ。会ってから断ることになっ
ちゃうよりは、今断った方がいいかなと思って。
彼女欲しいって言ってた俺のことをせっかく考え
てくれたのに、悪いな。

친구가 꼭 소개하고 싶다고 사진을 보여 준 이성이 자기 타입이 아니
었습니다. 친구에게 감사의 마음을 전하면서 소개팅을 거절해 보세
요.

저~, 일전에 소개해 준다면서 사진 보여준 사람 말인데…미안! 솔직
히 말해서 내가 생각했던 타입하고는 좀 다른 것 같아. 만나고 나서
거절하는 것 보다는 지금 거절하는 것이 나을 것 같아서. 내가 남자
(여자)친구가 있었으면 좋겠다고 하니까 모처럼 생각해 줬는데 미안
해.

第7部

🎧 253

1 男の人は海外旅行に行くために飛行機に乗りま
　したが、3つ並んだ席の真ん中の席になってしま
　いました。右には太っているおばさんが、左に
　は身長2メートルはありそうな大きな外国人男性
　が座っていて、男の人はとても狭そうです。

2 飛行中、左に乗った外国人男性が日本に関係が
　ある本を読んでいたので、男の人は親切に色々
　教えてあげました。そのことに彼は感激しまし
　た。

3 さて、空港に着いて、男の人は外国人男性と別
　れようとしましたが、彼が笑顔で男の人の手を
　引っ張り、どこかに連れて行こうとしました。

4 なんと、彼はその国の五つ星ホテルの支配人で
　した。彼は男の人にお礼にとスイートルームの
　無料宿泊券をくれました。男の人はびっくりし
　た表情をしています。

1 남자는 해외여행에 가기 위해 비행기를 탔습니다만, 세 명 나란
　히 앉는 의자의 한 가운데에 앉게 되었습니다. 오른쪽에는 뚱뚱
　한 아줌마가 왼쪽에는 신장 2미터는 될 듯한 큰 외국인남자가 앉
　아 있어서, 남자는 아주 좁아보입니다.

2 비행중, 왼쪽에 앉은 외국인 남자가 일본과 관계있는 책을 읽고
　있었기 때문에 남자는 친절하게 여러 가지 가르쳐 주었습니다.
　그것에 그는 감격했습니다.

3 한편, 공항에 도착해서 남자는 외국인과 헤어지려고 했습니다만,

그가 미소진 얼굴로 남자의 손을 끌고 어딘가로 가려고 했습니
다.

4 그는 그 나라의 오성 호텔의 지배인이었습니다. 그는 남자에게
  답례로 스위트룸의 무료숙박권을 주었습니다. 남자는 깜짝 놀란
  얼굴입니다.

취업/승진 성공비법, 일본어 말하기 시험
SJPT
한권으로
합격하기